KB115750

빨간모자 아저씨의
거침없는 도전

빨간모자 아저씨의 거침없는 도전

발행일 2020년 4월 14일

지은이 신재규
펴낸이 손형국
펴낸곳 (주)북랩
편집인 선일영
편집 강대건, 최예은, 최승헌, 김경무, 이예지
디자인 이현수, 한수희, 김민하, 김윤주, 허지혜
제작 박기성, 황동현, 구성우, 장홍석
마케팅 김회란, 박진관, 장은별
출판등록 2004. 12. 1(제2012-000051호)
주소 서울특별시 금천구 가산디지털 1로 168, 우림라이온스밸리 B동 B113~114호, C동 B101호
홈페이지 www.book.co.kr
전화번호 (02)2026-5777
팩스 (02)2026-5747

ISBN 979-11-6539-149-2 03320 (종이책) 979-11-6539-150-8 05320 (전자책)

이 도서의 국립중앙도서관 출판예정도서목록(CIP)은 서지정보유통지원시스템 홈페이지(http://seoji.nl.go.kr)와 국가자료공동목록시스템(http://www.nl.go.kr/kolisnet)에서 이용하실 수 있습니다.
(CIP제어번호: 2020014493)

퇴직 후 700일간의 프랜차이즈 창업 일기

빨간모자 아저씨의 거침없는 도전

신재규 지음

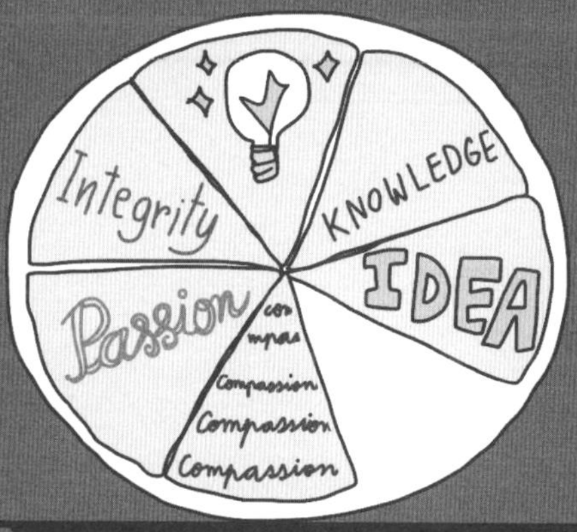

퇴직 전후 준비해야 할 일은 무엇인가

매장 계약부터 매출 관리, 배달 앱 활용까지
인생 2막 초보 창업자라면 꼭 알아야 할
실패 없는 24가지 프랜차이즈 창업 비법

인생의 3대 죄인

-모르면서 배우지 않는 사람

-알면서 가르쳐 주지 않는 사람

-할 수 있는데 하지 않는 사람

자녀가 부모님께 선물해 드리고
가족이 함께 읽는 경제 가이드북

글을 쓰며

2017년 7월 말, 정년을 3년 5개월 정도 남겨 두고 33년 동안 근무했던 금융권을 떠나게 되었다.

대대적인 희망퇴직이 있을 거라는 소문이 도는 상황 속에서 회사 내에서 나이가 제일 많은 1961년생 4명이 희망퇴직 우선 대상자였다. 그중 한 명이 나였다.

이젠 회사를 떠나거나 아니면 임금 피크제를 수용하고 근무할 것인가를 선택해야 했고, 그때부터 고민이 시작되었다.

결론적으로 희망퇴직을 하되, 세 가지 원칙을 정하기로 했다.

첫째, '쉬지 말고 바로 일을 하자.'였다. 쉬다 보면 타성에 젖고 리듬을 잃어서 자신감이 떨어질 수 있다고 판단했다.

둘째, '봉급생활자로 계속 살아가느냐, 아니면 성취감을 느낄 수 있는 새로운 길을 도전하느냐?'에 관해 고민하기로 했다. 봉급생활자의 길은 오래 걸어온 길이었기에 새로운 길을 찾기로 결심했다.

셋째, '퇴직금을 투자하지 않고도 할 수 있는 일을 찾거나 아니면 최소 투자 금액으로 새로운 일을 찾자.'였다.

이런 원칙하에 최선의 선택이 될 업종을 찾는 것이 무엇보다 중요했고 조금은 편하게 갈 수 있는 길도 있었기에 고민이 많았다. 그럼에도 새로운 열정을 불사를 수 있고 이전과는 다른, 가보지 않은 길에 도전해 보기로 했다.

새로운 도전을 위한 여러 선택안 중 피자 업계를 눈여겨보게 되었고 최근에 만들어진 브랜드보다는 충분히 신뢰가 쌓이고 경험을 가진 검증된 브랜드를 찾으려고 노력했다. 이런 상황 속에서 우연히 빨간모자피자 조형선 대표님을 만나게 되었다.

대표님과의 깊은 대화를 통해 바닥부터 하나하나 새롭게 시작해 노력하면 이곳에서도 많은 일을 할 수 있으며, 성공할 수 있을 거라는 확신을 얻었다.

이렇게 빨간모자피자에서 내 인생의 2막이 시작된 것이다.

지금까지 내 인생에서 내가 선택했던 길은 조금은 힘들었어도 한 번도 실패한 적은 없었기에 성공할 수 있다는 자신감이 들었다.

그러나 처음 경험하는 자영업의 길은 그리 녹록지 않았다. 그래서 군 생활을 한 번 더 한다고 생각하며 뛰었다. 세상에 죽기 살기로 덤비는 사람에게 이길 사람은 없지 않은가.

가끔씩 힘든 상황이 오면 항상 '내가 택한 길이니, 후회하지 말자.'라고 나 자신을 위로했다.

매장을 운영하면서 계절이 바뀌는 것도 모르고 15개월이 지나갔고 2019년 초부터는 다소간 마음의 여유가 생겼다. 그러면서 틈틈이 그동안의 매장 운영과 관련된 노하우나 시행착오들을 기록해 나갔다.

그러던 중 2019년 4월경에 우연히 본사의 조형선 대표님께서 내가 운영하는 상동점에 방문하여 2년 만에 4배 가까운 매출 성장을 이루어 낸 성과를 다른 점주들에게도 전했다며, 기존 가맹점에 노하우를 전수하고 신생 가맹점을 늘리는 빨간피자모자 본사 가맹사업본부장 자리를 제의해 왔다.

고민 끝에 사장님의 제안을 받아들여 매장을 넘기고 가맹사업본부장으로 새로운 시작을 하게 되었다.

나는 책을 많이 읽은 사람도 아니고 말을 잘하는 사람도 아니다. 그러나 그간의 매장 운영 경험을 토대로 쌓은 노하우와 시행착오를 통해 얻은 교훈을 적은 메모장을 기초 삼아 투박하지만 가감 없이 이야기를 하고자 했다.

이 책을 통해 먼저 경험한 사람으로서 오랜 기간 직장 생활 후 퇴직을 고민하는 이들에게 참고가 될 만한 몇 가지 조언을 하고자 했다.

우선, 퇴직도 전에 퇴직 후의 미래를 준비하기란 그리 쉬운 일이 아니다. 마음은 있어도 행동으로 옮겨서 실천하기가 쉽지 않은 것이 일반적인 현실일 것이다.

그래서 퇴직 전에 최소한 무엇을 준비해야 할지에 관해서 전해 주고 싶었다.

그리고 재취업 등 여러 가지 방향 중에서 자영업을 선택한다면 실패하지 않고 안착할 수 있는 경험을 소개하고, 이 책을 통해 멘토링해 줄 수 있는 사람이 되고자 했다.

사실 누구든 나처럼 큰 경험 없이 자영업에 뛰어드는 것은 큰 모험이 아닐 수 없다. 나도 맛과 품질을 모두 충족하는 빨간모자피자가 아니었으면 실패했을 것이다. 즉, 나에게 '빨간모자피자'라는 선택은 품질과 맛이 되는 '신의 한 수' 같은 선택이었다.

우리 주변에도 IMF와 2008년 금융 위기를 거치며 위기를 기회로 만든 사람들이 많다.

인생의 주인은 바로 나 자신이다.

성공이란 열정을 잃지 않고 실패를 거듭한 다음에 얻어지는 결과물이다. 새로운 도전에 성공해서 인생 2막의 주연 배우가 되자.

내가 제일 좋아하는 말은 "'극기(克己)'와 '신념(信念)'은 '기적(奇蹟)'을 만든다."라는 말이다.

초보 창업자 여러분!

제가 여러분의 동반자가 되어 드리겠습니다.

신재규

목차

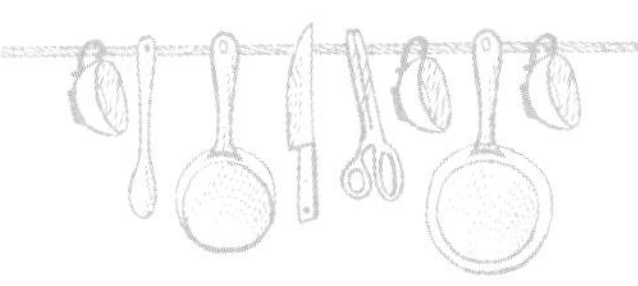

시장 변화의 트렌드와 창업 프로세스

맛있는 피자의 시작은 매장 운영에서부터

성공의 열쇠, 5가지 홍보 전략

자영업 멘토가 되어

PART 1

퇴직 후 700일간의 일기

상동점에서 700일간의 일기

일반적으로 '성공'에 반대되는 말은 '실패'이다. 물론 거꾸로 생각하면 실패의 반대말이 성공이라는 말이겠지만.

그러나 나는 또 하나, '실패하지 않는 것'도 실패의 반대말이라는 걸 알게 되었다.

성공의 기준이 어디인지 정확히 알 수 없기에 성공하겠다는 목표보다 먼저 실패하지 않고 살아남은 후에 최고가 되자는 목표를 정했다.

새로운 일에 적응하느라 시간은 잘 갔다. 게다가 새로운 영업 전략을 짜서 접목하고, 그 영업 전략이 매출로 이어지면서 커다란 기쁨을 느꼈다.

반기마다 50% 이상씩 늘어나는 매출은 약간의 어려움도 잊게 하는 진통제였다.

개인 사업은 자전거를 타다 멈추면 쓰러지는 것처럼 하루를 쉬면 매출이 그만큼 줄어든다. 결제해야 할 금액이 기다리고 있기에 일을 계속하게 만든다.

어떻게 생각하면 마라톤 선수처럼 쉬지 않고 달리게 만들기도 했다.

2018년, 2019년 내수 경제가 어렵다는 뉴스가 나올 때도 매출이 매월 늘어나고 있어 불경기를 피부로 실감하지는 못했다.

이렇게 지치지 않고 달릴 수 있었던 원동력은 땀으로 얻은 4배 가까운 매출 성장 덕분이었다.

⦿ 하루에 13시간씩 일해도 매출이 늘어나니 즐거웠다

일은 찾아서 하는 것이지, 누군가 시켜서 하면 지겹다고 흔히들 말한다.

프랜차이즈 가맹점 대표로서 진정한 사장 정신을 가지고 일한 첫 번째 도전이 아닌가.

나는 '3×8시간'이라는 말을 자주 사용한다.

3×8시간은 하루 24시간을 삼등분해 8시간 일하고, 8시간 쉬고, 8시간 잠을 자면 최고의 신체 리듬과 최고의 효율을 낼 수 있다는 의미이다.

그러나 정작 나는 하루에 13시간 일하고 7시간 잠을 자면 여가 시간은 4시간 정도 남았다.

그 4시간도 쓰기에 따라 의미가 달랐다.

퇴근 후 샤워하고 인터넷을 켜고 뉴스도 보고 자정 이후에 재밌는 TV 프로그램도 한두 개 볼 수 있었다. 어영부영 일하고 빈둥빈둥 쉬는 것보다 나름 짧은 휴식이 주는 기쁨도 맛이 있었다.

보통 아침에 매장 영업 준비는 2명이 했다.

직원 1명은 매장 재료를 세팅하고 냉장고 청소를 주로 했고, 나는 매장 앞 공개 공지와 테이블 청소를 하면서 자연스럽게 업무 분장이 되었다.

나는 청소가 끝나고 나면 PC를 켜고 매출 통계 자료를 하루도 빠지지 않고 매일매일 정리했다. 배달 앱에서 우리 매장과 다른 경쟁사의 전일 실적을 확인했다. '배달의민족'과 '요기요'에 달린 리뷰를 확인하고 거기에 답을 달고 나면 금세 오전 11시가 됐다.

첫 주문이 들어오면 나는 배달을 하면서 틈틈이 영업을 했다.

오전 시간은 사실 배달이 많지 않기 때문에 영업을 할 수 있는 틈새 시간이 자연스럽게 만들어졌다.

오후 2시 이전에는 아파트 배달을 하러 가면 맨 꼭대기 층에 올라가 전단지를 붙이고 내려왔다.

아파트가 20층이라면 40가구에 영업을 한 것이었다.

이렇게 일하다 보면 시간이 정말 빠르게 지나갔다.

오후가 되면 식사를 하고 오후 2시에는 무조건 상가 지역을 정해 영업을 나갔다.

이때, 배달이 들어오면 배달 대행을 불러 배달을 하기도 했고, 내가 매장에 들어와 배달을 하기도 했다.

오후 5시가 되면 다시 매장에 돌아와 허기진 배를 채우고 잠시 휴식을 취했다. 그러고 나면 가장 바쁜 저녁 장사가 시작된다.

하루 영업시간 중 오후 5시에서 9시가 제일 바쁜 시간이었다.

잠시 뜸하다가 9시 반이 넘으면 야식이 생각나는지 주문이 또

들어왔다.

이런 생활이 나의 하루였고 이것이 피자 가게의 하루였다.

주말엔 평일보다 주문이 2배가량 많은 것도 또 하나의 특징이다. 배달 영업의 주말 매출이 평일보다 많은 것은 다른 요식업도 마찬가지일 것이다.

직원들이 매장 세팅과 재료를 준비하고 시간이 남으면 일을 찾아서 할 수 있도록 유도했다.

그러나 나는 배달하랴, 배달하면서 아파트나 오피스텔에 전단지 붙이랴, 쉴 시간이 없었다. 오후엔 상가에 홍보를 나갔고, 돌아와서 저녁엔 또 배달하고, 10시 30분 이후에는 직원들을 퇴근시키고 혼자 피자를 만들어 배달 대행을 통해 배달을 보냈다.

나는 시간이 바뀔 때마다 역할이 달라졌다.

저녁에 들러 결산만 하고 퇴근하는 일명 '오토사장'이 느끼지 못하는 짜릿한 행복을 느끼며 하루하루를 보낸 것 같다.

이런 날들이 모여 700일 동안 달릴 수 있었다.

⊙ 주 84시간 일한 것이 희망의 밑거름이었다

처음 15개월간은 하루에 12시간씩 일했고, 1주일로 계산하면 84시간 일했다.

그러다 2019년 1월부터는 마감 시간을 연장해 오후 11시 30분까지 일했다. 하루에 13.5시간을 일한 것이다. 그렇게 계산하면 주

94.5시간을 일하기도 했다.

이렇게 하루도 쉬지 않고 일한 것이 달력을 세어 보니 자그마치 600일이었다. 초기 정착 시기엔 누구나 이 정도는 했을 것이다.

출퇴근 시 라디오에서 나오는 「근로기준법」에 관한 얘기는 나와는 전혀 상관없는 다른 나라 얘기처럼 들리기도 했다.

그러나 다이내믹한 일터가 있고, 그곳엔 꿈이 있었다. 매출이 올라가니 희망이 있었고, 그렇기에 현실을 즐겼다.

머지않아 이런 비탈길 끝에 평탄한 신작로, 탄탄대로가 기다리고 있을 것이라는 확신을 가졌다.

매일매일 하는 일에다 주간 단위로 해야 할 일이 또 기다리고 있었다.

요일별 일을 정리하면 수요일엔 삼산농산물도매시장에서 채소를 구입하고, 목요일엔 피클을 담고, 토·일요일엔 호수 공원과 중앙 공원에 전단지를 돌리며 영업 활동했다.

이렇게 쉬지 않고 달려오다 2019년 1월부터는 매출이 정상화되고 한 주에 1.5일을 쉬게 되었다. 주당 일하는 시간도 67시간으로 줄어드니 새로운 활력이 생겼다.

이렇게 100주를 마무리하니 순간순간이 파노라마처럼 스쳐 지나갔다.

진정한 땀의 대가는 직장 생활에서 맛보지 못한 또 다른 진한 맛을 느끼게 해 주었다.

⊙ 한 달, 한 달이 바람처럼 지나갔다

하루가 모여 일주일이 되고, 또 4주가 지나고 나면 한 달이 바람처럼 지나갔다.

시간만 바람처럼 지나갈 뿐이지, 해야 할 일들은 또 나를 기다리고 있었다.

직장에서는 도와줄 사람도 있고 힘들면 땡땡이치고 조금 쉬었다가 해도 되지만, 결코 일을 미룰 수 없는 것이 자영업이고 대신해 줄 사람도 없는 것이 자영업이다.

이렇게 꼬리를 물고 이어지는 하루하루에 주 단위, 월 단위로 할 일까지 거미줄처럼 이어지니 항상 메모하고 확인했다.

처음엔 한 달에 한 번씩 하는 일이라 헷갈리기도 했지만, 6개월 정도 지나니 이젠 무슨 일을 어떻게 해야 할지 감이 잡히고 수월해졌다. 말 그대로 경험보다 좋은 재산은 없다는 말이 생각났다.

우리 매장은 매월 10일을 급여일로 정해 놓았다.

급여를 지급하려면 전월 근무 시간과 배달 건수를 확인해 급여를 산출하고 추가로 성과급을 산출해야 했다. 보통 4일과 7일 사이에 급여를 산출해 세무회계 법인에 제출했다.

본사에서 로열티와 제비용 사용 금액이 내려오면 본사 계좌로 돈을 입금해야 했다.

그러니 매월 10일은 매우 바쁜 날일 수밖에 없었다.

이렇게 10일이 지나고 잠깐 한숨 돌리면 20일 이후에 돈 들어갈 일이 또 생겼다.

배달 앱을 통해 다음 달 홍보할 입찰이 기다리고 있었다.

배달의민족은 25일에 입찰이 진행되고 요기요는 매월 4주 차 금요일에 경매 입찰이 진행된다.

전체 매출의 60% 이상이 배달의민족과 요기요 앱에서 나오기에 무척 신경이 쓰였다.

입찰이 끝나고 나면 어떻게 흘러왔는지 모르게 월말이 다가왔다.

말일에는 콜라를 비롯한 음료수 비용과 오토바이 수리 대금을 결제하고 나면 한 달 결제가 마무리됐다.

그리고 하루를 자고 나면 또 다른 한 달이 시작됐다.

이런 반복된 생활이 계속되다 보니 계절이 바뀌는 것도, 날씨가 추운지 더운지도 모르고 시간이 지나갔다.

그저 오토바이 타기 힘들지 않게 눈과 비만 오지 않기를 기대했던 것 같다.

자영업에 도전한 사람들은 초창기엔 대부분 나와 같은 경험을 거쳤을 것이다.

월말 결산을 하고 전월보다 손익이 얼마나 늘었는지 확인하면, 그게 최고의 보람이었다.

⊙ 반기, 연 단위로도 할 일이 많았다

반기 또는 연 단위에 할 일은 세금 신고가 전부였다.

세금 고지서가 나왔을 때 내도 되지만, 금액이 크기 때문에 매월 예측하고 적립해 놓지 않으면 급하게 목돈을 준비해야 한다. 그렇게 세금을 내면 자칫 앞으로 남고 뒤로 밑지는 것처럼 느낄 수 있다.

나는 부가 가치세 예상 금액을 표로 만들어 관리하고 별도 통장에 넣어 관리했다.

부가 가치세는 많이 번 만큼 많이 내는 당연한 세금인데 목돈을 낼 때면 묘한 기분이 들고 부담이 됐다.

부가 가치세는 상반기와 하반기로 나누어 2번씩 연 4회 납부했다.

대부분 자영업을 하는 사람들은 세무회계 법인을 통해 부가 가치세 신고를 한다.

그 이유는 간단하다. 내가 챙겨서 하기엔 시간이 없기 때문이다.

그리고 또 한 번의 세금이 남아 있었다. 바로 종합 소득세 신고다.

전년도 벌어들인 총수입을 종합해 종합 소득을 신고하고, 세금을 납부하면 됐다.

이렇게 자영업은 1년에 총 5회 세금을 납입한다. 나도 세무회계 법인을 이용하고 부가세를 포함해 매월 88,000원을 지급했다.

자영업을 처음 하는 나에게는 본사에서 매장 오픈 시에 받았던 교육만으로는 잊어버려 놓치는 경우가 많았다. 그래서 시행착오도 있었고 언제 어떻게 해야 하는지도 몰라 과태료를 낸 적도 있었다.

⊙ 2018년 배달의민족 '성장 대상'을 수상하다

2019년 초, 배달의민족에서 보낸 커다란 박스 하나가 매장에 도착했다. 그 속에는 상장, 상패, 선물이 들어 있었다. 2018년 배달의민족을 이용한 피자 가맹점 수천 개 중 성장률 상위 10개를 선정했다고 했다. 상패에는 "배달의민족 성장 대상"이라고 적혀 있었다.

연간 배달의민족 실적이 10배 넘게 성장하고 배달의민족으로부터 상까지 받으니 모두에게 인정을 받은 기분이었다. 상패는 매장에 진열하고 홍보 전단지에도 수상 내용을 넣었다. 수상 기념 이벤트도 전개하며 적극적으로 영업에 활용했다.

퇴직 후 거침없이 달려온 700일, 정말 다이내믹하게 인생 2막을 출발한 것 같다.

2018년 이후 극심한 불황 속에 33년 동안 해 온 직장 생활과 전혀 다른 길을 걸으며 새로운 인생 2막의 희망을 쏘아 올린 나 자신에게 위로를 보낸다. 말없이 지원해 준 가족의 존재와 맛과 품질이 보장되는 '빨간모자피자'라는 선택은 나에게 정말 현명한 선택이었다는 생각이 든다.

창업 희망자들이 하루, 일주일, 한 달, 반기, 연간 일정을 읽어 보며 매장 운영뿐 아니라 언제 무슨 일을 해야 할지를 한눈에 볼 수 있을 것 같아 나의 기록을 일기처럼 정리했다.

매력적인 도시 부천

부천은 동쪽엔 서울 양천구와 강서구가 있고 서쪽엔 인천이 있다. 서울특별시와 인천광역시 사이에 있는 인구 약 85만 명의 매력적인 도시다.

부천시는 3개 구로 나누어져 있고, 그중 원미구 상동과 중동은 분당, 일산과 함께 1기 신도시로 쾌적하고 생활 환경이 좋아 매력적인 주거 환경을 갖추고 있다.

서울에서 인천까지 도시가 하나로 이어져 있어 인구 밀도도 매우 높은 편이다.

상동과 중동 신도시는 서울과 인천 사이에 일렬로 연결되어 있어 어느 곳보다 생활 여건이 편한 도시다.

서울 외곽에 사는 것보다 교육, 문화, 생활 시설이 좋아 특히 여자들이 더 좋아하는 도시이기도 하다.

지금부터 2년간 현장 영업을 하며 느낀 부천에 대한 자랑을 해 볼까 한다.

⊙ 부천 원미구는 서울 외곽보다 생활하기 편리하다

부천은 인구 85만 명의 도시이다 보니 백화점, 대형 마트, 영화관 같은 편의 시설이 대략 10분 거리에 모여 있다.

전철이나 승용차, 무엇을 이용해도 서울 진입이 어느 지역보다도 편리하다.

서울로의 출퇴근 인원이 많아 항상 젊은이들의 활력이 넘치는 분위기이다.

서울 외곽 지역에 백화점, 영화관이 10분 거리에 있는 곳이 얼마나 될까?

그러면서도 서울 시내나 강남. 광화문에 진입하는 데 전철 1호선, 7호선을 이용하면 매우 편리하다.

경인 고속 도로와 서울 외곽 순환 고속 도로가 있어 서울 진입이 쉬운 건 물론, 수도권 어디든 편리하게 이용할 수 있을 만큼 지리적으로 사통팔달하다는 이점이 있다.

앞으로 GTX까지 지나갈 예정이라고 한다.

그래서 여자들이 부천 떠나기를 더 싫어한다고 한다.

⊙ 부천은 교육열이 높은 학세권 신도시이다

연말이 되면 학원마다 대학 진학 인원을 발표한다.

부천 지역은 전통적으로 학원가를 합격생 명단만으로도 도배할 수 있을 정도로 서울의 명문대 합격자가 많다.

특히 내가 매장을 운영한 원미구는 1기 신도시의 중심 지역으로, 학원의 메카다.

학원에서 피자 단체 주문이 많아 배달을 가 보면 상상 이상으로 많은 학생이 북적댔다. 학생이 많다 보니 언제나 도시가 살아 있는 느낌이다.

학원 중에서 빨간모자피자를 정말 많이 이용한 이듬배움 학원, 생각유희 학원, 정율사관학교 학원, 메가스터디 학원이 생각난다.

이런 열정이 넘치는 학생들을 보면 나는 학창 시절을 정말 어설프게 보냈다는 아쉬움이 남는다. 그래서 지금이라도 땀 흘려 노력하는지도 모르겠다.

◉ 편리하게 배치된 아파트 동은 타 도시의 롤 모델이 된다

원미구의 중동, 상동 신도시는 분당, 일산, 평촌처럼 계획된 1기 신도시이다.

그런데 원미구 아파트에 부여된 단지 숫자가 중복되지 않아 아파트를 찾기가 무척 좋다.

택배 배송이나 배달을 하는 분들이 동 번호만 알면 어느 마을인지 한 번에 알 수 있다.

별것 아닌 것 같지만, 이를 계획한 공무원에게 표창을 주어야 한다고 칭찬하는 이들을 여러 번 보았다.

나도 그 말을 듣고 생각해 보니 배달하기가 정말 편리했다.

생각나는 대로 상동과 중동의 몇 개 마을과 동을 적어 본다.

〈마을별 아파트 동 배치〉

상1동		상2동		상 3동		중 4동	
1501동	한아름 마을	2401동	행복한 마을	2101동	다정한 마을	401동	금강 마을
1801동	반달 마을	2501동	푸른 마을	2201동	진달래 마을	101동	한라 마을
1901동	꿈동산 마을	2601동	하얀 마을	2301동	라일락 마을		
		2701동	백송 마을				
		2801동	목련 마을				

상1~3동, 중1~3동까지 포함해 더 많이 적을 수도 있지만 많이 적는다고 의미 있는 것은 아니어서 생략한다.

101부터 시작하는 한라마을부터 2801으로 시작하는 목련마을까지 수십 개의 아파트 단지를 숫자 하나만으로도 찾을 수 있다.

부천의 85만 명 시민은 물론, 이를 매일 이용하는 우체국 집배원, 택배 기사, 배달업 종사자까지 모두가 편리하니 단순하지만 이것을 체계화한 공무원은 지금이라도 찾아서 표창해 주어야 한다.

다른 도시는 이 정도로 체계화가 되어 있지는 않은 것으로 알고 있다.

게다가 평소에는 무심하게 지나친 마을 이름이지만, 읽을수록 정감이 간다.

상동에는 한아름마을, 반달마을, 꿈동산마을, 행복한마을, 푸른

마을, 하얀마을, 백송마을, 목련마을, 다정한 마을. 진달래마을, 벚꽃마을, 라일락마을이 있고 중동엔 금강마을, 한라마을, 보람마을, 포도마을, 중흥마을, 은하마을, 덕유마을이 있다.

요즘 방송에 머리 아픈 뉴스들이 많은데 이런 마을 이름처럼 세상이 깨끗하고 평화롭고 아름다웠으면 한다.

학생들 역시 이렇게 아름다운 마을에서 자랐기에 표정도 밝고 행복해 보인다.

⊙ 부천 사람들은 예의 바르고 순수하다

7,500회 정도 배달을 했으니 나는 "맛있게 드세요."라는 말을 7,500번을 했고, 피자는 받는 고객들한테 "감사합니다.", "고맙습니다.", "수고하세요."라는 말을 7,500번 들은 것 같다.

어떤 분은 "사장님이세요?"라고 묻는다.

그렇다고 대답하면 "사장님이 배달하는 곳은 많지 않은데, 더 맛있겠네요."라고 말하는 분도 있었다. 그런 말 한마디가 큰 힘이 되었던 것 같다.

한 번은 금요일 오후 7시경 퇴근하는 엘리베이터 안에 워킹맘으로 보이는 젊은 여성분이 탔다.

"우리 집에 가시는 것 같은데, 빨간모자피자세요?"

"네, 맞습니다."

"사장님이세요? 언제부터 가게 운영하셨어요?"

"작년에 퇴직하고 바로 시작해서 1년 되었어요."

"퇴직하고 자영업하시는 분들은 무조건 잘되어야 해요. 자주 시킬게요."

그 마지막 한마디가 지금까지 내가 들은 격려의 말 중 최고의 감동을 준 말이었다.

피자를 전달하고 돌아오면서도 그 말의 여운이 남아 정말 가슴이 뭉클했다.

말 한마디가 이렇게 사람의 마음을 뭉클하게도 만드는 힘이 있다는 것을 다시 한번 느꼈다.

또 한 번은 생활 보호사가 피자를 주문하면서 "저녁 8시에 꼭 시간 맞춰서 배달해 주세요."라고 하면서 "벨을 눌러도 소리를 못 들으니 휴대 전화 메시지 주세요."라고 했다. 나는 시키는 대로 했다.

문을 열었는데, 소리가 들리지 않는 분이었다.

문을 열자마자 고맙다고 나에게 박카스 한 병을 건네주었다.

돌아오면서 너무나 고마워 피자 무료 교환권을 드리려고 다시 찾아갔는데, 몇 번이고 문자를 넣고 문을 두드려도 문을 열어 주지 않아 피자 무료 교환권은 드리지 못하고 돌아왔다. 지금도 그때를 생각하면 아직도 아쉬움이 남는다.

이렇게 마음이 따뜻한 사람들이 모여 사는 곳이 바로 부천이다.

나누며 사니 더 커지는 행복

우리가 자주 하는 말 중에 "기쁨은 나눌수록 커지고, 슬픔은 나눌수록 작아진다."라는 말이 있다.

그러나 막상 그런 감정을 느끼고, 실천하며 사는 것은 그리 쉬운 일이 아니다.

내가 남을 위해 한 봉사는 군대나 회사에서 헌혈 몇 번을 한 것이 전부였다.

IMF가 발생한 이듬해인 1998년에 평택에서 지점장 생활을 하며 직원들과 지체 장애인들이 있는 곳에 가서 봉사 활동을 했다. 본사에서 근무할 때는 반의무적으로 실시하는 지체 장애인 봉사 활동을 반기에 1회 정도 했다. 거기서 작은 봉사 활동의 맛을 느낀 게 전부였다.

2005년경에 아버지가 돌아가시고 난 후, 정신적인 공허함을 달래기 위해 나는 두 가지를 했다.

하나는 풍란을 키우는 것이고, 또 하나는 아내의 권유로 성당에 나간 것이다.

성당에 나가면서 가장 크게 교훈을 얻었던 것은 막노동꾼과 노숙인에게 밥을 제공하는 '빨간밥차' 봉사 경험이었다. 새벽 4시에 나가 봉사를 하고 돌아오면 그날은 행복감이 정말 크게 내 마음속에 자리 잡았다.

봉사라는 기쁨을 조금씩 알고 난 후, 우리 성당에서는 빨간밥차 봉사가 없어졌다.

그래서 을지로와 시청에서 하는 노숙자 급식 봉사 자원봉사자 모집에 선뜻 자원했다.

을지로3가역, 을지로입구역, 시청역 지하차도 순으로 급식을 했다.

여기서 느낀 것은 급식을 받는 노숙인들은 실제로 매우 예의 바르고 정직한 성품을 갖고 있으며, 서로를 무척 챙긴다는 것이다. 우리가 먼발치에서 보고 느끼던 것과는 다소 괴리가 있는 모습이었다.

배식할 때면 절대 새치기를 하지 않았고, 거동이 불편한 사람이 있으면 먼저 식사를 가져다주고 본인은 나중에 먹었다.

박근혜 정권의 탄핵으로 이어진 광화문 촛불 집회가 한창이던 때, 서울 시내는 정말 어수선하고 복잡했다.

이때, 차량 앞에 '노숙인 급식 봉사 차량'이라고 붙이고 가면 경찰이 잘 통과시켜 주고 에스코트까지 해 주었다. 비록 공적인 업무는 아니지만, 이런 대접은 봉사자로서 정말 흐뭇한 감정이 들게 했다.

이렇게 봉사 활동을 마치고 성당에 돌아오면 밤 12시가 되었다. 어떤 날은 신부님이 기다렸다가 고생했다고 하면서 맥주를 사 주시기도 했다.

이런 봉사 활동이 가져다주는 기쁨을 알기에, 상동점을 인수해서 매장을 운영하는 첫 달에 제일 먼저 '나누며 살자.'라는 목표를 설정했다.

그렇게 찾은 게 네 곳이었다.

우체국 집배원 사무실, 119 소방 파출소와 장애인 당구 모임, 마지막으로 성프란치스코 수녀회 수녀님들이 미혼모 자녀를 돌보기 위해 운영하는 인천 부평의 '맑은무지개센터'였다. 이 네 곳에 한 달에 한 번씩 피자를 지원하기로 했다.

그저 그동안 해 오던 봉사 활동을 이렇게라도 하고 살면 마음이 행복할 것 같다는 단순한 생각에서였다. 이곳들에 한 달에 피자 10판 정도는 나누고 살아도 손익에는 지장이 없다고 생각했다.

우체국과 소방서를 선택한 것은 가장 많이 고생하고 눈이 오나, 비가 오나 항상 음지에서 일하는 분들의 모습이 생각나서였다.

이곳에 있는 분들은 공무원 신분인 만큼, 먼저 잘 아는 변호사에게 일명 「김영란법」(「부정청탁 및 금품등 수수의 금지에 관한 법률」)에 위배되는지 자문을 했다. 대가성이 아니기에 문제가 없다는 의견을 듣고 선물하기로 결심했다.

예전에는 우체국에 손편지가 많았지만, 요즘은 각종 고지서와 카드 내역서, 택배 등 예전보다 몇 배는 많은 양의 우편물이 있다고 한다.

전산상으로는 퇴근 처리를 하고 금요일 저녁이나 토요일 낮에 우편을 배달하는 것을 자주 봐 왔다. 내가 회사에 다닐 때 특근하는 것보다 더 힘든 일처럼 보였다. 게다가 동료가 휴가라도 가면 그 지역까지 나눠서 우편배달을 해야 하므로 1년 내내 바쁜 건 당연한 일이었다.

그런 고생스러운 과정에 아주 작게나마 함께할 수 있다는 사실에 다행이라는 생각이 들었다.

소방 공무원도 우체국 집배원 이상으로 고생한다는 뉴스를 자주 접했다.

내가 피자 가게를 운영하지 않았더라면 이분들과 이렇게 작게나마 나누며 살 수 있었겠나 생각하니 이것은 빨간모자피자가 나에게 가져다준 선물이라는 생각이 들었다.

피자 한 조각에 서로의 어려움이 조금이나마 위로가 되었으면 했다.

7호선 상동역 근처에는 '거북이 당구장'이 있다.

우연히 영업하다 주인이 나와 ROTC 22기 동기인 것을 알았다. 힘들 때 들리면 커피 한 잔을 주면서 마음의 위로가 되어 준 친구였다.

그런데 어느 날, 매월 4주 차 토요일마다 모여서 친목 도모를 하는 장애인 당구 모임에 당구장 이용료를 매우 저렴하게 받고 서비스해 준다는 이야기를 들었다. 너무나 멋있는 친구라는 생각이 들었다.

그 친구가 여건이 되면 피자를 지원해 줄 수 있냐고 묻기에 망설임 없이 "오케이!"라고 대답하고 매월 4주 차 토요일마다 지원을 했다. 그들은 점심으로 피자를 먹으면서 오후까지 당구 게임을 즐긴다고 했다.

마지막 '맑은무지개센터'는 성프란치스코 수녀회 수녀님들이 운영하는 곳으로, 나는 주로 20여 명의 어린이의 생일잔치나 크리스마스 이벤트가 있을 때 지원해 주었다.

아내의 추천으로 알게 되어 아내와 함께 가곤 했다. 방문할 때 수녀님들은 우리에게 손뜨개질로 만든 작은 선물을 주기도 했다.

나이 마흔 정도에 나눔으로 인한 행복을 알게 되어 지금까지 늘 행복을 이어올 수 있었다.

지금은 누군가에게 나눌 수 있지만, 나도 언젠가는 누군가의 도움이 필요할 수도 있다. 봉사는 건강이 허락하고 시간이 있어야 가능하다.

"행복은 많이 가진 것보다 나누면 더 행복해지고, 나 자신을 비울 수 있어야 더 행복해진다."라는 신부님의 말씀이 생각난다.

퇴직 후 피자 가게를 했기 때문에 작게나마 나누며 살 수 있어서 행복했다.

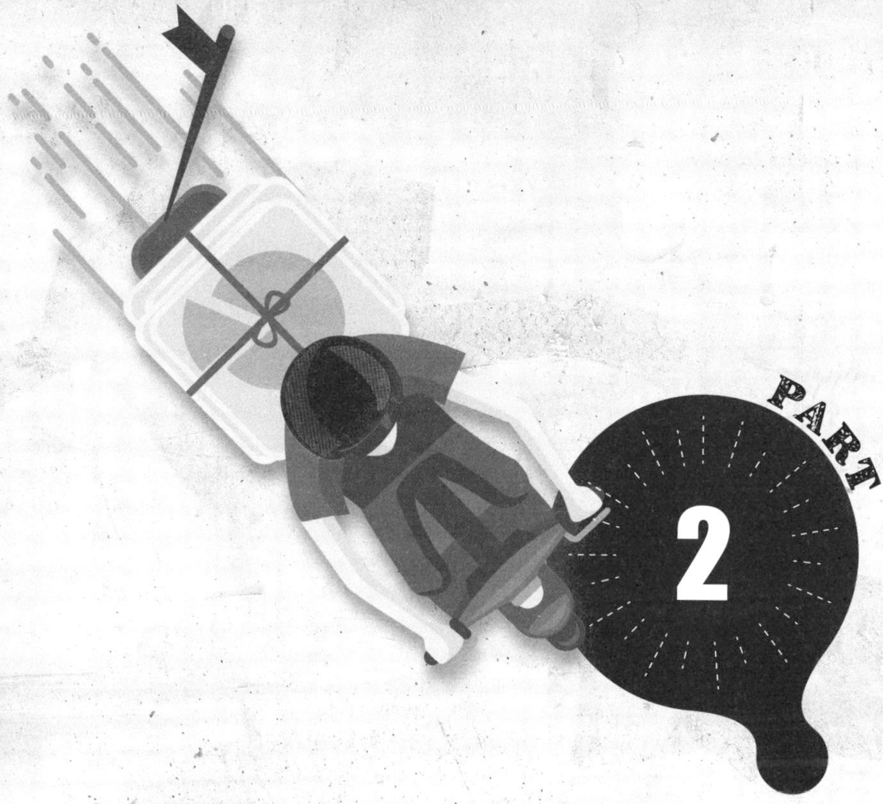

PART 2

퇴직하면서 무엇을 준비했나

퇴직을 앞두고 나는 무엇을 준비했나

일반적으로 사람들은 퇴직하고 나면 가족 여행을 다녀온 후, 미래를 생각한다.

퇴직 전에 미래를 잘 준비해 놓았으면 금상첨화겠지만, 사실 마음만 있고 그것을 실천에 옮기는 건 생각보다 쉬운 일이 아니다. 아마 인간이기에 그렇다고 생각한다.

그래서 하는 말이 "인생에서 죄인을 찾으려면 거울을 보라."라는 말이다. 바로 거울에 비친 나 자신이 범인이기 때문이다.

신이 사람을 만들 때 현직에서 일할 때는 일에만 충실하게 만들고, 미래까지 준비하도록 입체적으로 만들지는 않은 것 같다.

퇴직 후 가장 먼저 닥치는 문제는 매월 들어오는 수입에 관한 문제다. 이 문제는 곧장 현실로 다가온다. 가족이 있기에 가장으로서 당장 이 무거운 짐을 내려놓을 수 없기 때문이다.

한자에 '날 생(生)'은 '소 우(牛)' 자와 '한 일(一)' 자가 합쳐져 만들어진 글자이다. 즉, 삶은 태어나서 죽을 때까지 소(牛)가 외나무다리(一)를 건너가듯 외롭고 힘든 과정을 극복하며 살아가는 것이다. 예전에 교육하면서 자주 인용했던 한자이다.

그리고 '남자 남(男)'은 '입 구(口)' 자와 '열 십(十)' 자 그리고 '힘 력(力)' 자가 모여서 만들어진 글자라고 자주 얘기했다. 즉, 남자는 가족 10명은 먹여 살릴 수 있는 능력을 갖춰야 한다는 의미를 가지고 있다고 설명했다.

지금 퇴직해서 생각하니 이런 말들이 더 현실감 있게 와닿는다.

돈의 가치도 마찬가지다. 나는 직장에서 30년 넘게 근무했기에 연봉도 괜찮은 편이었고 오랜 기간 무난한 생활이 가능했다. 그러나 퇴직 후엔 월급이 없이 자영업을 통한 수입으로 가정 경제를 책임져야 하니 돈의 가치가 정말 새롭게 느껴졌다. 마치 직장에 다닐 때의 100만 원이 지금은 300만 원, 아니 500만 원보다 더 소중하게 느껴졌다.

아마 퇴직한 사람들은 대부분 나와 같은 심정을 느꼈을 것이다.

그래서 퇴직을 앞둔 사람들이 돈의 가치를 재정립해 보고, 퇴직 후에 준비해야 할 몇 가지를 알 수 있도록 참고삼아 나의 경험을 소개한다.

물론 나보다 훨씬 치밀하게 계획을 세운 이들이 더 많을 거라고 생각한다. 이런 기회를 토대로 각자 자신의 현실을 재조명해 보자는 취지이지, 내가 했던 방법을 그대로 실천하라는 말은 아니다.

⊙ 함께 퇴직한 동료들을 둘러보자

내가 퇴직한 시기는 2017년 7월이었고 2개월 후인 2017년 9월에는 꽤 많은 후배가 희망퇴직을 했다. 그때 퇴직한 사람들의 재취업이나 창업 사례를 들어 보면 좋은 참고가 될 듯하다.

보험 쪽에서 근무했기에 퇴직 후에도 보험 쪽에서 일하는 사람이 가장 많다. 보험법인대리점(GA) 본사 스태프로 가는 경우와 보험 설계사를 확보해 지사를 만들어 보험 영업 쪽에 근무하는 경우가 대략 130여 명 중에서 40% 정도로 보인다.

나이가 40대인 경우는 재취업도 가능해 역량에 맞춰서 유사 업종에 취업하는 인원도 있다. 이들은 10% 정도 되어 보인다.

그것도 아니면 공인 중개사, 주택 관리사 같은 자격증에 도전하는 사람도 있고, 이미 공인 중개사 자격증이 있어 공인 중개사 사무실을 운영하는 사람도 몇 명 있다.

나처럼 자영업에 뛰어든 사람도 대략 20% 정도는 되는 것 같다.

자영업 중에서도 몇 명은 빨래방을 차린 사람도 있고, 요식업 관련 자영업을 시작한 사람도 많다. 특히 요식업의 경우, 한식집, 파전집, 삼겹살집, 제과점, 분식점, 편의점, 커피 전문점 등으로 다양하게 진출했다. 나와 같은 빨간모자피자를 대구에서 오픈한 이철성 대표도 있다.

공교롭게도 피자 가게를 운영한 3명은 무난히 잘 적응하고 매장 운영도 안정을 찾았지만, 다른 요식업을 선택한 사람들은 2년이 지난 지금 대부분 사업을 접었다는 얘기를 전해 들었다. 안타까운 소식이었다.

이제 2년이 지나 같이 퇴직한 사람들의 자영업 성적표가 나오니 퇴직 후 미래에 대한 꼼꼼한 준비가 필요함을 다시 한번 깨닫게 된다.

⦿ 퇴직 후 돈의 가치를 재조명해 보자

나와 아내는 둘 다 고향이 충청도이다. 우리 부부는 양가에서 증여나 상속으로 받은 땅이 단 한 평도 없다.

그래서 부모님에게 재산을 받은 사람들을 보면 '복도 많다.'라는 생각이 들면서도, 하나도 못 받은 우리는 오히려 속이 편하고 홀가분하다는 생각이 든다. 그래서 돈의 가치가 더 새롭게 느껴지는지도 모른다.

요즘은 아파트 한 평 가격이 1억 원, 웬만한 집 한 채 가격이 10억 원이라는 말을 매일 듣고 산다. 그러다 보니 감각이 무뎌진다.

그러나 많은 사람이 종잣돈 1억 원은 있어야 무엇이든 한번 해 볼 수 있다고 말한다.

나는 1억 원이라는 돈을 표현할 때 "천 원짜리 지폐 100개 묶음이 1,000개가 있어야 1억이 됩니다."라고 말한다. 100개 묶음 한 다발은 높이가 대략 1㎝가 되니 1,000다발이 모이면 1,000㎝가 된다. 1,000㎝는 10m로, 건물의 1층 높이가 대략 3m이니 3층하고도 100㎝ 정도 되는 높이의 돈다발이 모여야 1억 원이 된다. 10억 원은 건물로 치면 33층 높이까지 천 원짜리를 쌓아야 한다.

또 다른 이는 1억의 의미를 숫자 1부터 1억까지 1초에 하나씩 센다고 가정하면 시간이 어느 정도 걸리는지 아느냐고 묻는다.

1시간은 3,600초이니, 1억을 3,600초로 나누면 27시간 77분 동안 세어야 하는 돈이 1억 원이다. 그러면 10억 원을 1초에 하나씩 세는 데는 쉬지 않고 세어도 11일하고도 6시간이 걸린다.

이런 돈의 가치를 우리는 요즘 너무 쉽게 말하고 있다.

저축을 통해 1억 원을 모은다고 가정할 때, 약간의 이자를 감안해도 다음과 같이 저축해야 한다.

〈1억 원을 모으려면〉

기간	1년	3년	5년	10년
월 저축액	800만 원	270만 원	160만 원	75만 원

돈의 개념을 재정립한 뒤에 퇴직 후의 미래를 얘기해야 현실감이 있다고 생각해서 정리해 보았다.

목돈을 만드는 것은 월 저축액보다 적금을 넣는 기간이 더 중요하다. 미리 준비하고 실천하면 월 75만 원이면 되지만, 1년 만에 1억 원을 만들려면 월 800만 원의 저축이 필요하다. 퇴직 후엔 퇴직 전보다 대부분 수입이 줄어든다.

이는 돈의 가치를 다시 느껴 보자는 차원이다. 돈의 가치가 정립되어야 미래 설계도 가능하다.

◉ 퇴직금을 반드시 지키는 전략이 필요하다

퇴직금은 인생에서 최고의 꿀단지다. 꿀단지는 애지중지하며 지켜야 한다. 이는 수많은 선배가 술자리에서 많이 해 주던 얘기라고 치부해 버릴 수도 있는 말이다.

그런데 퇴직이라는 상황을 맞이하면 판단이 흐려지기에 문제가 발생할 수도 있다.

퇴직금을 지키는 것은 마치 축구에서 수비를 하는 것과 같다. 한 번 통장을 떠난 돈이 다시 내 통장으로 돌아오기는 쉽지 않다. 원래 돈은 네 발 달린 동물보다 더 빨라서 집을 나가면 잡으려 해도 잘 잡히지 않는다는 사실을 명심해야 한다.

나도 퇴직금과 명퇴금(명예퇴직금)을 받아서 제일 먼저 한 것이 대출금 상환이었다. 물론 2015년경에 안심전환대출이 처음 출시될 때 고정금리로 전환해 놓아 이자에 대한 부담은 별로 없는 편이었다. 돈을 굴려 이자에 해당하는 돈을 더 벌 수만 있다면 갚을 이유가 없다는 생각이 들기도 했다. 그러나 아내와 상의한 끝에 대출금은 무조건 갚기로 결심했다.

지금 생각해 보면 대출 상환하기를 잘한 것 같다. 많지는 않지만, 나머지 돈은 안전 자산에 묻어 두었다.

2년이 지난 지금, 퇴직 후 나 자신의 자금 관리를 살펴보면 100점 만점에 80점 이상은 되지 않았나 하는 생각이 든다.

⊙ 매월 고정 지출을 최소화하는 전략이 필요하다

퇴직을 하면 선제적으로 해야 할 일이 매월 지출을 최소화하는 것이다. 퇴직 후에도 월수입이 퇴직 전보다 같거나 많으면 큰 문제는 되지 않지만, 대부분 퇴직 전보다 수입이 많지는 않을 것이다.

정기 지출에는 여러 가지가 있다. 먼저 자동 이체 내역을 체크해 봐야 한다.

대출이 있다면 대출이 가장 큰 비중을 차지할 것이다. 대출의 가장 무서운 점은 휴일과 공휴일에 상관없이 이자가 불어난다는 것이다. 이 점을 항상 명심해야 한다.

그래서 제일 먼저 해야 할 일은 대출금 원금을 상환하는 것이고, 이는 월 지출을 줄이는 최고의 방법이다.

예를 들어, 2억 원의 대출을 연 3.5% 이자로 받았다고 가정해 보자.

〈대출 2억 원 상환, 연 3.5% 이자〉

구분	20년 원금 전액 만기 상환	20년 원금 전액 분할 상환	20년 원금 50% 분할 상환 후, 만기 50% 상환
원금 상환(매월)		833,333원	416,666원
이자(최초 월)	583,333원	583,333원	583,333원
매월 이자 감소액		2,910원	1,455원

다시 한번 내용을 정리해 보면, 대출금이 2억 원일 때 20년 만기 상환의 경우 20년간 1억 4,000만 원의 이자를 내야 한다. 여기에 원금 2억 원을 더하면 총 3억 4,000만 원의 돈이 들어간다.

20년간 전액 분할 상환을 하는 경우 원금 833,333원과 이자 583,333원을 더하면 매월 1,416,666원씩 갚아야 한다. 물론 매월 원금이 줄어드는 만큼 매월 2,910원씩 이자가 줄어든다. 중간 지점인 10년 후엔 원금과 이자를 합한 금액이 1,125,000원이다. 10년 동안 줄어든 월 납입 금액이 291,666원에 불과하다.

그리고 대출 원금 50%를 분할 상환하고, 나머지 50%는 만기에 상환한다면 원금 상환 금액은 416,666원이다. 이자 583,333원을 더하면 매월 999,999원을 갚아야 한다. 10년 후에는 매월 원금과 이자를 합한 금액이 854,166원이 된다.

결국 어떤 방식으로 대출을 상환하더라도 10년 후 100만 원 정도의 금액을 매월 상환해야만 한다.

월 100만 원이면 적게는 매월 가정 생활비의 40% 내지는 50%에 해당하는 돈인데, 이 돈을 대출 상환에 써야 한다.

대출이 없다면 월 200만 원으로 생활비가 해결되지만, 대출이 있으면 월 300만 원이 넘는 수입이 있어야 가정 경제가 돌아갈 수 있다는 이야기다.

만약 퇴직금과 희망퇴직금이 있으면 우선순위를 정하되, 대출 상환을 제일 우선순위로 두라고 다시 한번 강조하고 싶다. 그리고 정기적으로 나가는 모임 회비도 한 번쯤 따져 봐야 한다.

똑같은 돈도 어떻게 우선순위를 정해서 쓰느냐에 따라 돈의 가치가 달라진다.

⊙ 모든 통장에 꼬리표를 달아라

은행 통장이든, 보험이든 모든 통장에 꼬리표를 달아 보자. 통장에 꼬리표를 붙이는 것을 나는 '목적식 저축'이라고 표현한다.

우리는 필요한 금액을 필요한 시기에 사용하기 위해서 저축한다. 예를 들면, 2년간 여행 갈 돈을 만들고, 5년간 자녀 결혼 자금을 마련하고, 더 넓은 집에 살기 위해 10년 동안 1억 원을 만드는 것이 대표적인 '장기 목적식 저축'이다.

이렇게 보면 보험은 처음부터 장기 목적식 저축인 것이다. 만약 지금까지 별생각 없이 한두 개의 통장에서 가족 모두가 돈을 쓰고, 정확한 설계 없이 보험에 가입했다면 지금 즉시 통장과 보험 증권을 꺼내 전부 꼬리표를 달아 보자.

아내와 함께 커피 한잔 마시며 은행 통장, 보험 증권을 꺼내서 리모델링하는 시간을 가져야 한다. 분명히 줄일 수 있는 부분이 있을 것이다.

다음은 통장에서 매월 빠져나가는 자동 이체를 체크해야 한다. 자동 이체에서도 분명히 매월 빠져나가지 않아도 되는 항목이 있을 수 있다.

나도 여러 개의 회비 중 금액 비중이 낮은 두 개는 취소했다. 또한, 월 6만 원 정도 자동 이체를 취소했다. 일단 수입이 줄기 때문에 월수입에 지출을 맞춰야 하기 때문이다.

퇴직금이나 명퇴금에서 생활비를 빼다 쓰면 1년에 몇천만 원은 쉽게 깨진다.

모든 것을 정리하고 나면 통장마다 목적을 분명히 하는 꼬리표를 달아 놓는다. 그리고 돈이 필요할 때마다 사용하면 되는데, 한 통장에 모아 놓으면 필요시 목돈을 해약하는 경우가 발생한다.

생활비 통장, 나의 용돈 통장. 아내의 용돈 통장, 자녀의 용돈 통장, 회비 통장, 병원비 통장 등 반드시 주어진 범위 내에서만 쓰도록 노력하면 된다. 술을 먹든, 스크린 골프를 치든 나를 포함한 가족 모두가 자신에게 주어진 금액 내에서만 써야 한다.

이렇게 하나하나 통장에 꼬리표를 달면 생각보다 많은 금액을 줄일 수 있다.

⊙ 가입한 보험, 리모델링하면 지출을 줄일 수 있다

나는 보험업계에서 근무하다 퇴직했지만, 아내와 함께 보험 리모델링을 했다.

보장성 보험 중 보장이 중복되는 부분을 해지해 10만 원 정도의 지출을 줄였다. 그리고 두 아들 앞으로 고등학교 때 가입한 보장성 보험은 취직하는 대로 계약자를 아들 이름으로 변경해 각각 7만 원씩 총 14만 원을 줄였다. 이렇게 가입한 보험에서도 월 지출액을 총 24만 원 정도 줄일 수 있었다.

참고로 보험에서 중복되는 보장이 있으면 일부 해약 감액 제도를 활용해 보자. 보험사 직원이나 상담 센터에 전화해서 리모델링이나 재정 설계 컨설팅을 받아서 보험료를 줄일 수 있는 방법도 있다. 마치 IMF 때 나온 "마른 수건도 짜면 물이 나온다."라는 말이 생각난다.

⊙ 신용 카드 대신 체크 카드를 쓰자

카드 쓰는 습관을 바꿔 보자. 체크 카드는 마음을 편하게 해 준다.

신용 카드는 현금이 아니다. 카드는 한 달간의 대출을 선불로 쓰는 것이다. 어떤 사람은 카드를 선불로 쓰는 현금이라고 말하는데, 절대 현금이 아니다. 다시 말하지만, 분명한 것은 카드는 한 달간의 대출을 선불로 쓰는 것이다. 한 달 후에 갚지 못하면 연체 이자가 발생한다.

사람들은 신용 카드를 쓰면 소비의 개념이 무너져 깊은 고민 없이 먼저 쓰고 보는 경향이 있다.

친구와 술 한잔 먹으면 성질 급한 사람이 결제한다. 그리고 다음 날 후회한다. 나도 그런 적이 많다.

나는 약 20년 전부터 우리 가족 4명에게 체크 카드를 나눠 줬고, 그 후로 우리 가족은 지금까지 체크 카드만 사용하고 있다.

체크 카드는 통장에 돈이 없으면 결제가 안 되기 때문에 통장 잔액을 보면서 쓴다. 자연히 절제하게 된다.

아내는 통장 잔액이 부족해 슈퍼마켓에 2주간 가지 않은 적도 있다. 그리고 두 아들은 체크 카드를 통해 용돈을 쓰게 했더니 저절로 경제 교육이 이루어졌다.

작은 차이 같지만, 신용 카드는 빚이다. 그러나 체크 카드는 현금이다. 그래서 체크 카드를 사용하면 결제일이 다가와도 스트레스를 받지 않는다.

어떻게 인생 2막을 출발해야 하나

◉ 퇴직 후 월수입 대책을 체크해 보자

퇴직자의 대부분은 가장이다. 가정 경제를 책임져야 할 막중한 임무가 있다.

월수입 목표는 높게 잡지 말고 최소 목표를 잡았으면 한다.

또한, 혼자 전략을 세우지 말고 배우자와 함께 대화하며 진지하게 세워 보길 권한다. 가정 공동의 목표에 가족들 모두가 참여해야 한다. 나도 퇴직 후 2막 인생의 그림을 가족 앞에 털어놓고 같이 그렸다.

인생은 대화와 타협이다. 맥주를 사다 놓고 4명의 가족이 상의했다.

두 아들이 말문을 열기를, "우리 집이 이 정도로 살게 된 것만 해도 고맙다."라고 했다. 그러면서 하는 말이 용돈을 줄여 달라는 것이었다.

큰아들은 유학 준비를 하고 있었고, 둘째 아들은 취업 준비를 하는 상태여서 용돈을 끊을 수는 없었다. 퇴직한 직후에는 월 10만 원씩 줄였다.

그리고 최근에 와서는 둘째 아들이 취직을 먼저 하고 큰아들은 프리랜서로 일하게 되어 용돈을 둘 다 끊었다.

나의 경우는 국민연금이 63세부터 나오기에 63세가 되는 2024년까지는 4년이 조금 넘게 남았다.

국민연금이 나오면 필요한 생활비의 60% 정도는 해결할 수 있다. 그럼 2024년까지는 가정 경제에 필요한 수입을 올려야 생활이 가능하다.

이제는 70대 중반까지는 일을 해야 삶의 활력을 느끼는 시대가 온 것 같다. 나도 마음은 아직 청춘 같아서 더 정열적으로 일하고 국민연금은 2~3년 늦춰 수령하는 방향으로 인생을 설계하고 있다.

⊙ 확실한 길을 찾을 때까지 생각하며 천천히 가라

우리는 흔히 급할수록 돌아가라는 말을 자주 한다.

나도 남들에게 서두르지 말라는 말을 자주 한다. 그러나 막상 현실로 닥치면 나부터 조바심을 낸다.

나는 퇴직 후 첫 일주일 동안 여행을 다녀오고 한 주가 지나 바로 퇴직 3주 차에 피자 사업에 뛰어들었다. 사실 피자도 몰랐고, 자영업도 전혀 모르는 상태에서 퇴직 후에 놀지 말고 바로 일하자는 생각이었다.

그러나 지금 생각해 보면 아무것도 준비한 것 없이 전쟁터로 싸우러 나갔다. 상식적으로는 아주 위험한 판단이었다고 생각한다.

마라톤 대회에 나가려면 짧게는 몇 개월, 길게는 1년은 준비해야 하프코스나 풀코스를 뛸 수 있다. 축구 선수도 대회 전에 몸을 풀고 최상의 컨디션을 만들고 나서 게임에 들어간다. 내가 경험한 대부분의 군대에서도 엄청난 훈련을 반복한 뒤에 실전에 투입된다.

그러나 대부분의 사람은 퇴직 후 이렇게 체계화된 준비나 교육, 전문성도 없이 그냥 무작정 자영업의 세계에 뛰어든다.

자영업의 세계에는 이미 무림의 고수들이 각 분야, 각 업종마다 버티고 있다. 이런 시장에 뛰어들어서 살아남기란 정말 쉬운 일이 아님을 명심해야 한다.

예를 들어 요식업 가맹점을 개점하는 데 보증금 2,000만 원, 인테리어 비용 8,000만 원이 든다고 가정해 보자.

6개월 정도 운영하다 뜻대로 되지 않아 매장을 정리할 수밖에 없다고 가정하면 어떤 결과가 만들어지는지 머리에 그려질 것이다.

그리고 적자가 월 300만 원씩이라면 6개월간 1,800만 원의 누적 적자가 발생한다.

매장을 폐점하면 8,000만 원 중 냉장고 등의 중고품값으로 500만 원 정도를 건질 것이다. 그러면 7,500만 원이 적자다. 그래서 총 9,300만 원의 누적 적자가 발생한다.

그리고 남은 것은 보증금 2,000만 원인데, 이것도 다 내 돈이 아니다. 매장을 원상 복귀해야 한다는 조건을 달기 때문에 1,000만 원이 들어가면 보증금도 1,000만 원밖에 남지 않는다.

이렇게 6개월 만에 1억 300만 원이 날아간 셈이다.

매장 계약을 2년간 했다면 매장 인수자가 나타나지 않을 경우에는 남은 1년 6개월간 월세와 관리비를 납부해야 한다.

그러니 나는 6개월간 생활비를 월 300만 원씩 쓰는 한이 있어도 확실한 길을 찾을 때까지 천천히 생각하며 갈 길을 찾으라고 권한다. 즉, 충분히 분석하고 준비한 후 뛰어들라는 말이다.

나처럼 무식하고 용감하게 뛰어들어서 살아남기란 쉽지 않다.

내가 열심히 한 것도 있지만, 운이 좋아서였다고 생각한다.

정말 판단이 안 서면 충분히 알 때까지, 그 업종의 최고 멘토를 찾아서 확신이 설 때까지 준비하자.

⊙ 자신만의 재취업 방향을 분명히 하자

나도 처음엔 보험과 관련된 일을 할까, 아니면 다른 길을 갈까 고민하다 보험을 떠나기로 결심했다.

어떻게 보면 보험 쪽 일이 무난해 보이지만, '평생을 한 가지 일만 할 수 있겠는가?'라는 생각도 들었다.

그럴 때는 먼저 중견 기업에 재취업하는 경우가 제일 좋은 방법이라고 생각한다. 리스크가 없기 때문이다.

제조업이나 유통업처럼 자신만의 노하우를 가진 사람의 경우에는 자기 나름대로 침착하게 자신의 능력에 맞춰서 일을 찾으면 급여가 조금 낮아져도 계속 일할 수 있다. 이는 정말 행복한 일이다.

금융업 종사자, 공무원 같은 경우는 숙련된 기술이 없어 문제가 된다. 그나마 공무원은 바로 연금이 나오기 때문에 문제가 덜하다.

반면에 나와 같은 금융업 종사자의 경우는 퇴직과 국민연금 수령 시기 사이에 적게는 5년에서 10년 이상의 시차가 발생해 그 공백 기간이 큰 문제가 된다.

이런 경우 소득 목표를 낮추고 중견 기업에 취업하는 방법도 매우 좋다.

아니면 조금 시간이 걸려도 자격증을 따서 원하는 일을 찾는 방법도 있다.

친구 중 한 명은 원래 공인 중개사 자격증이 있었다. 그리고 퇴직 후 주택 관리사 자격증과 전기 기사 자격증을 땄다. 처음엔 자격증이 있어도 경력이 없어 관리소장으로 취업이 쉽게 이루어지지 않았다. 그러나 다른 일을 하면서 몇 년의 시간이 지나 최근 관리소장으로 취직해서 안정적으로 인생 2막의 기반을 잡았다. 재취업의 목표에 맞춰 자격증을 딴 좋은 사례다.

건강이 허락하면 얼마든지 오래 일할 수 있는 여건을 마련할 수 있다.

재취업보다 창업에 확신이 있으면 자영업도 매력이 있다.

자영업을 할 때는 충분한 시장 조사와 상권 분석을 한 후 실패하지 않을 만큼 경험을 해 보고 뛰어들어야 한다. 무엇보다 중요한 것은 가족의 동의와 협조가 이뤄진 상태에서 출발해야 한다는 것이다.

지금까지 몇 가지 설명을 했지만, 뚜렷한 정답이 없는 것이 미래 설계이다.

나처럼 무작정 자영업에 뛰어드는 것도 잘못이지만, 그렇다고 과도하게 조사하고 고민하다 도전하는 것은 자칫 시작할 엄두가 나지 않을 수 있다는 단점도 있다.

나도 지금 하라면 못할 수도 있다는 생각이 든다.

일단 2년이라는 기간 동안 열정적으로 해 왔기에 시간도 잘 갔고 어느 정도 성과를 낼 수 있었다. 그 덕에 이런 글을 쓸 수 있으니 다행이라는 생각이 든다.

퇴직 후 미래 설계에 대해 다시 한번 정리하면, 재취업을 하거나, 자격증을 따고 일을 시작하거나, 실패하지 않을 만큼 준비한 뒤에 자영업에 뛰어들어야 한다.

이제는 자영업 멘토로서 새로 도전하는 사람들에게 도움이 되는 길을 찾아 주고 싶다. 그들에게 도움이 필요하다면 나는 정직한 멘토가 되어 줄 것이다.

가정의 작은 경제 교육도 필요하다

내가 퇴직한다는 건, 자녀가 독립할 때가 되었다는 의미이기도 하다.

유대인들은 어려서부터 가정에서 경제 교육을 한다는 이야기를 방송에서 많이 보았다.

우리는 이런 경제 교육을 학교에서는 물론이고 가정에서도 거의 하지 않는다. 그냥 용돈을 주고 아껴 쓰라는 정도로만 한다.

최근에는 경제 콘텐츠로 인기를 얻고 있는 팟캐스트 <김동환, 이진우, 정영진의 신과 함께>에서 '출퇴근길 page 2'를 매일 듣는다. 거기에서도 자녀 경제 교육의 필요성에 관한 얘기를 들었다.

나는 금리, 주식, 채권, 부동산 관련 내용을 매일 접하며 경제 흐름에 대한 끈을 놓지 않는다. 그러면서도 내 나름대로 몇 가지 원칙과 목적을 갖고 실천해 온 우리 집 사연들을 소개한다.

ROTC는 28개월 근무 후 매년 6월 30일에 전역한다. 나도 전역 후 7월 초에 곧바로 교보생명에 입사하고 1987년에 결혼했다. 지금 두 아들은 31살과 29살이 되었다. 둘 다 결혼은 하지 않았지만, 독립해서 살고 있다.

서울 하늘 아래에서 한 가족이 세 집에 나눠서 사는 것이다.

30년 넘게 4명의 가족이 살아오면서 경험한 작은 가정 경제 교육에 관해 얘기하는 것은 내가 잘해서가 아니고, 이 기회에 누구나 가정 경제에 대해 작은 관심을 두길 바라서다.

나도 퇴직 전에는 월 생활비가 300만 원이 넘었으나, 퇴직 후에는 200만 원대로 줄였다.

먼저 대출을 없애고 중복된 보장을 부분 해지해 보험료 부담을 줄였다. 앞서 말한 것처럼 심지어 모임 회비도 일부는 축소했다.

둘째 아들이 초등학교 4학년이 되던 때부터 우리 네 식구는 가족회의를 매주 토요일 저녁에 1시간 정도 했다.

목적은 가족 간에 소통의 시간을 갖자는 것이기도 했고, 가족회의 시간에 간식거리를 아들 둘이서 교대로 준비하게 해 참여 의식을 갖게 하려는 목적도 있었다.

책임감도 느끼고 회의를 주관하는 분위기도 만들어 리더십을 키우려는 의도도 깔려 있었다. 회의를 주관하면서 주요 내용을 메모하게 해 핵심을 정리하는 기술도 키워 주려는 의도도 있었다.

가족회의는 둘째가 고등학교에 가기 전까지 6년 정도 진행했다. 그때 정리했던 가족 노트는 아직도 보관하고 있고, 사진첩 옆에 꽂아 두고 이따금 보기도 한다.

여러 가지 면에서 효과 만점의 제도였다고 생각한다.

어느 가정이나 똑같지만, 큰아들이 고등학교에 가면 대입 준비를 하느라 가정에 많은 변화가 일어난다.

대입 얘기를 하려고 하는 것이 아니다. 나는 아이들이 어느 정도 성인이 되면서 경제 관념이 필요하다고 생각했다. 그래서 '용돈 총량제'라는 나만의 제도를 만들었고 1:1 면담을 통해 합의하에 용돈을 지급했다.

용돈 총량제는 복잡한 것 같지만, 아주 간단한 내용이다.

내 월급 통장에서 아들에게 주는 용돈 총액을 넣어 주고 자동 이체로 빠져나간 다음, 남는 것이 용돈인 제도이다.

용돈 총량제는 휴대폰 요금, 보험료, 청약 저축, 저축 금액을 내가 내 주고 아들 통장에 용돈만 달랑 주면 본인이 받는 돈의 총액을 37만 5천 원이 아니라 남는 돈 15만 원으로 알고 있을 거라는 판단에서 실시한 것이다.

〈용돈 총량제 내역〉

구분	용돈	휴대폰 요금	보험료	청약 저축	적금	총액
금액	고교: 15만 원 대학: 35만 원	3만 5천 원	7만 원	2만 원	10만 원	고교: 37만 5천 원 대학: 57만 5천 원

대학에 가서는 용돈을 35만 원으로 올려 총 57만 5천 원을 지급했고 1년에 5%씩 물가 상승률을 반영해 주었다.

연초가 되면 아들에게 용돈 인상률을 얘기해 주고 물가 상승률이 무엇인지 얘기하며 맥주 한잔을 하고는 했다.

매월 용돈을 25일에 넣어 주고 용돈을 제외한 나머지 4가지 지출은 25일이나 26일에 자동 이체되도록 했다.

나는 너희들에게 매월 이만큼 주고 있다는 것을 분명히 해 줘야 아이들이 조금이나마 고맙게 느끼고 용돈도 아껴 쓸 거라 여겼다.

그런데 여기서 용돈을 주는 방식에 고민이 생겼다.

큰아들은 한 번에 넣어 주면 한 달간 나눠서 쓰는데 둘째는 일주일 만에 다 써 버리고 추가로 용돈을 달라고 했다. 그래서 둘째는 용돈을 나눠서 주급으로 주었다.

그러던 어느 날, 둘째가 화가 나서 용돈도 많이 안 주면서 짜증 나게 한다고 용돈을 일시불로 달라고 했다. 나는 은행에 가도 신용이 나쁘면 이런 대접을 받으니 잘할 때까지는 안 된다고 잘라서 말했다. 그리고 3년이 지나 재수를 하면서부터 용돈을 아껴 쓰는 걸 보고 일시불로 주기 시작했다.

지금은 둘 다 돈에 대한 개념은 잘 잡힌 듯하다.

보험은 대부분 잘 알고 있듯이 나이가 어릴수록 보험료가 저렴하다. 그래서 보험 가입은 두 아들 모두 각각 15세가 될 때 보장성 보험에 가입해 줬다.

그래서 보장이 크지만 15세에 가입해 보험료가 7만 원밖에 되지 않는다. 둘이 합쳐도 14만 원 정도다.

주택 청약 가입도 10년이 넘은 듯하다. 언젠가는 필요할 것 같아서 월 2만 원씩 납입하고 있다. 용돈이 필요하면 몰래 해약해서 쓰지 않을까 걱정도 했는데, 본인들도 필요하다고 느끼는지 그런 경우가 발생하지 않아서 다행이라고 생각한다.

적금도 각각 10만 원씩 넣어 주었고 지금은 둘 다 본인들이 넣고 있다. 대신 결혼하게 되어 결혼식장을 얻을 때 외에는 절대 해약하면 안 된다는 꼬리표를 달았다.

둘 다 결혼을 하지 않았기에 지금은 각각 1,000만 원이 넘는 목돈이 되었다.

큰아들 적금은 금융 투자 회사에 펀드로 가입했고, 둘째 아들은 보험 회사에 변액 보험으로 가입했다. 서로 다른 형태로 가입한 것은 보험의 경우 가입 10년 이상은 비과세가 되는 데다 서로 수익률 차이를 느끼게 해 주려는 목적이었다.

요즘 둘 다 펀드 운용 수익률 고지서가 날아오면 서로 수익률을 비교하며 이런저런 의견을 교환한다.

월 10만 원으로 종잣돈을 마련해 주었다는 기분에 그렇게라도 하기를 잘했다는 생각이 든다.

용돈 총량제를 통해 나름 많은 소득을 얻었고 특히 단순히 용돈 15만 원을 주는 아빠가 아니라, 매월 너희들을 위해 37만 5천 원, 57만 5천 원을 주는 아빠라는 걸 아이들에게 인식시켜 준 것이 큰 소득이었다.

용돈을 쓸 때도 우리 네 식구는 모두 체크 카드만 쓴다. 지금까지도 신용 카드는 아무도 사용하지 않는다. 다들 용돈 범위 내에서 사용하고, 부족하면 쓰지 말자는 주의다.

이런 아들들의 도움에 직장에 다닐 때는 연말 정산을 하면 세금 환급을 300만 원, 400만 원씩 돌려받는 경우도 많았다.

아들만 둘이기에 둘 다 군대를 다녀왔고, 제대할 때 나는 아들들에게 똑같은 말을 했다.

"대한민국에 태어나서 군에 다녀온 것은 대통령에 출마해도, 국회

의원에 출마해도 흠잡을 게 없는 훌륭한 자격을 갖춘 것이다."라고 말해 주었다.

자식은 인생의 친구라는 생각이 든다. 지금은 젊고 경제 능력이 있으니 아이들이 성인이 될 때까지 도와주는 것이 나의 역할이라고 생각한다.

새도 새끼를 낳고, 그 새끼는 때가 되면 둥지를 떠나지 않는가.

농담 삼아 내가 만들어 낸 얘기가 있다. 어머니는 어렸을 때 '머니'를 주는 사람, 아버지는 '아'이들이 돈을 '버'는 날까지 '지'켜주는 사람, 할머니는 '할' 일이 없는데도 '머니'를 주는 사람, 할아버지는 '할' 일이 없는데도 '아버지' 뒤에만 계시며 든든하게 지켜주는 사람이라고 말이다. 이 얘기를 이따금 사람들에게 하던 기억이 난다.

아들이 군대에 가 있을 때 편지를 쓰고 나면 마지막에 '친구 같은 아빠가'라고 쓰고는 했다.

지난해 두 아들과 얘기해서 이제는 서로 독립해서 살 것을 제안했고, 둘은 흔쾌히 받아들였다. "서른 즈음이면 독립하는 게 맞지."라고 하면서 맞장구쳐 주었다.

둘 다 많이는 못 해 주고 원룸을 얻을 정도만 해 주고 독립시켰다. 그랬더니 큰아들은 내가 지원해 준 돈에 전세 자금 대출을 받아 큼직한 빌라를 구입해서 살고, 작은아들은 내가 지원해 준 돈에 맞춰서 집을 얻었다.

적당한 시기에 독립한다는 것은 정말 많은 것을 가르쳐 준다고 생각한다. 작게는 독립심을 길러 주고, 더불어 돈의 가치도 느끼게 해 준다.

작은아들의 경우는 각종 공과금이 자기 통장에서 빠져나가고, 날짜가 지나면 과태료가 나오고, 슈퍼마켓을 이용하며 물건값을 알게 되면서 검소해졌다. 그리고 청소와 세탁도 하고 반찬도 만들 줄 아는 사람, 잔소리를 안 해도 되는 사람으로 컸다.

이것이 독립이 가져다준 효과다.

여기에 하나를 더하면, 큰아들은 집을 얻을 때 전세 자금 대출을 받아서 들어갔는데, 처음에는 집주인이 전세 자금 대출 협조를 거부해 집을 50개도 넘게 보고 마지막에 망원동에 인심 좋은 어르신을 만나서 계약을 했다. 이 과정에서 많은 공부를 했다고 했다.

요즘도 아들들이 집에 오면 우리는 맥주 한잔씩 하며 친구처럼 지내고 있다. 집에 오지 않을 때는 서로의 중간 지하철역에서 만나 감자탕에 소주 한잔을 하거나 아니면 호프 한잔을 하고 헤어지고는 한다.

직장에서도 그렇고, 친구들과 술을 마셔도 실수한 적이 없는 걸 보면 그런대로 반듯한 모습이 다행이다 싶다.

돈에 대해서도 어느 정도 절제된 생활을 하는 걸 보면 역시나 다행이다 싶다.

다른 부모님들에게는 더 좋은 교육 방법이 있을 것이라 생각한다.

나의 경우를 예를 들어 말한 것은, 가족 구성원이 서로 생각할 수 있는 가장의 가정 경제 교육에 대해서도 한 번 정도 시도하는 기회를 가져 보자는 의미다.

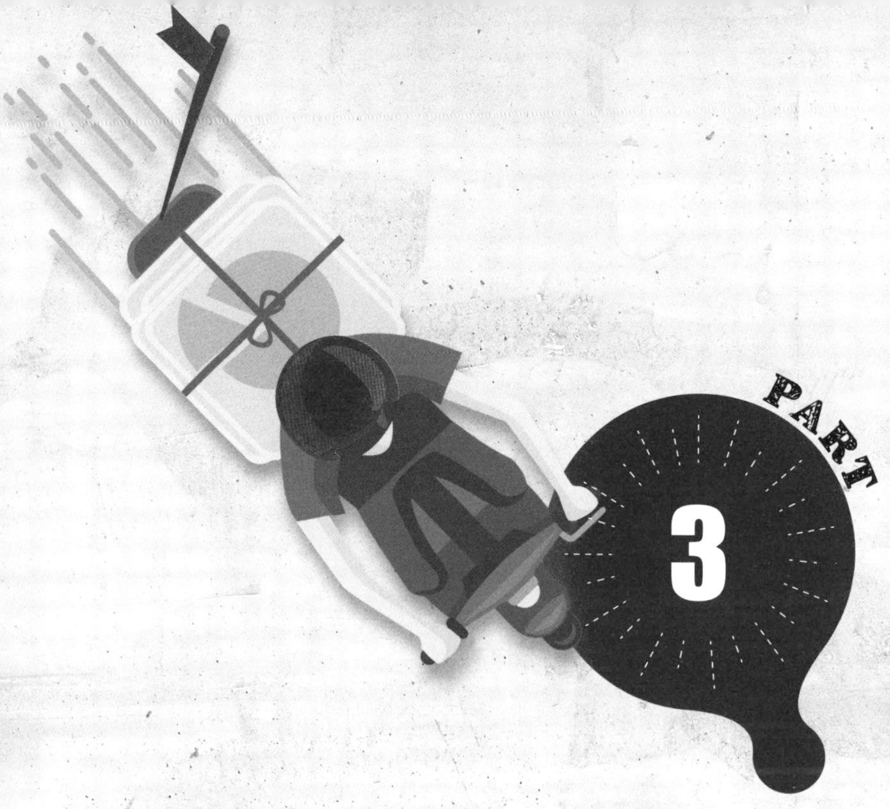

PART 3

시장 변화의 트렌드와 창업 프로세스

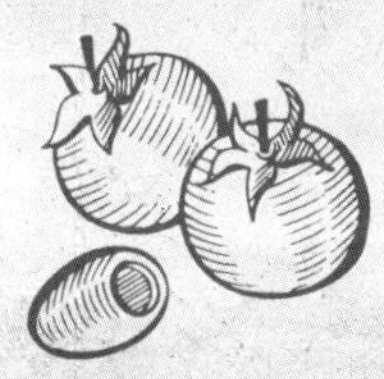

시장 변화의 트렌드를 읽어라

퇴직 후 재취업 방향을 설정하기 위해서는 시장 변화의 트렌드를 알고 나도 그 변화에 편승해야 한다.

100년 기업이 되지 못하는 것은 시대 변화를 읽고 함께 변화를 선도하지 못했기 때문이다.

자영업도 시대 흐름을 읽고 그 트렌드를 선도해야 성공할 수 있다.

⊙ 쫓아가기도 바쁜 세상, 나는 어떨까

우리나라는 누가 봐도 세계 시장을 선도하는 정말 파워풀한 나라다.

특히 우리는 엄청나게 빠른 변화의 시대에 살고 있다.

나는 시장 경제의 전문가도 아니고, 유통업을 연구한 사람도 아니다. 그러나 피부로 느끼는 사회의 변화는 정말 번개처럼 스쳐 가는 것 같다.

더도 말고 덜도 말고 최소한 세상이 변하는 만큼은 따라가야 의미 있는 삶을 살아갈 수 있다고 생각한다.

자동차가 많으면 운전면허를 따서 몰면 되고, 컴퓨터가 나오면 더듬더듬이라도 인터넷을 즐기면 되고, 스마트폰이 인기가 있으면 나도 사서 사용하면 되고, 요즘 유행하는 유튜브를 젊은이들을 따라서 하면 된다고 생각한다.

손담비를 따라서 춤추고 노래하는 어르신이 인기 있는 것도 이 같은 사회 현상의 일환으로 보인다.

나는 초등학교 3학년 때 집에 전기가 처음 들어왔고, 2년 후 5학년 때 우리 집은 TV를 처음 구입했다.

TV를 구입하기 전에는 축구나 복싱 등 빅 매치가 있는 날이면 2.5㎞나 떨어진 초등학교에 가야만 했다. 고참 선배가 10명이 넘는 인원을 2열 종대로 세워 군대에서 구보하듯 뛰어갔다. 밤길이 무서워 대열을 이탈할 수도 없었다.

그리고 우리는 1988년에 올림픽을 개최하며 고도의 경제 성장을 이루었고 더불어 사회적 변화 속도도 빨라졌다.

시골에서의 운송 수단도 지게에서 달구지, 경운기, 트랙터로 변했다. 앞으로 도심의 운송 수단도 드론, 로봇과 같이 무인으로 변하지 않을까 예상해 본다.

자동차 도로도 마찬가지다. 비포장도로에서 포장도로, 고속 도로로 변했고, 철도는 증기 기관차에서 디젤 기관차, KTX로 변한 데다 이제 대도시는 전철과 GTX로 연결된다.

그리고 우리 손에는 지구보다도 넓어 보이는, 엄청난 양의 정보가 들어 있는 스마트폰이 들려 있다.

게다가 스마트폰을 이용한 다양한 플랫폼 사업이 등장하고 있다. 과거에는 쇼핑하면 무조건 백화점이었다. 그러나 최근엔 백화점, 대형 마트에서 홈쇼핑, 인터넷 쇼핑과 같이 전자 상거래로 옮겨 가고 있다.

요즘 오프라인 쇼핑의 대명사인 '롯데 쇼핑'이 700여 개 매장 중에 30%인 200개를 정리한다고 발표한 것이 대표적인 사례다.

온라인 상권은 우리가 잘 아는 세계적인 기업인 미국의 '아마존', 중국의 '알리바바'만 있는 것이 아니다. 우리나라에는 최근에 매출이 몇조 원을 돌파했다는 '쿠팡'이 있고, 기존에 있던 '옥션', 'G마켓' 등 다수의 홈쇼핑 채널이 우리의 쇼핑 문화를 송두리째 바꿔 놓고 있다.

상황이 이렇다 보니 택배업이 성행할 수밖에 없고, 너도나도 택배업에 뛰어들어서 엄청난 성장을 이루고 있다. 여기에 오토바이를 이용한 퀵서비스, 배달 대행 서비스까지 동반 성장을 하는 추세다.

배달 대행 서비스는 일명 '플랫폼 사업'이라고 한다.

즉, 스마트폰을 통해 일거리를 찾아 수입을 올리는 사업을 플랫폼 사업이라고 한다. 이를 이용해 요식업에서도 앱으로 주문하는 딜리버리 서비스가 급속도로 성장하고 있다.

언제 어디서나 스마트폰을 터치하면 먹고 싶은 메뉴를 원하는 장소에, 원하는 시간에 배달해 준다. '배달의민족'이나 '요기요', '카카오톡' 같은 앱을 모르는 젊은 세대는 이젠 없을 것이다.

이렇게 차량이나 오토바이를 통해 배달하던 것이 드론이나 무인 자동차, 로봇으로 대체되는 날이 머지않아 올 것 같다.

우리가 알아야 할 것은 세상이 변하는 만큼 최소한 나도 변해야 편히 살아갈 수 있다는 것이다.

이외에도 유튜브를 통한 정보의 다변화도 최근의 트렌드다.

⊙ 물류 혁명에 따른 변화는 불가피한 선택이다

앞으로 백화점, 대형 마트도 변하지 않으면 경쟁에서 뒤처질 수밖에 없다.

요즘 젊은이들은 백화점이나 대형 마트에서 원하는 물건을 구경만 하고 집에 돌아온다. 집에 와서 찜한 물건을 홈쇼핑이나 인터넷 쇼핑으로 구입하는 사람들이 많다.

굳이 똑같은 물건을 비싸게 주고 사야 할 이유가 없는 것이다. 그래서 백화점도 전자 상거래 시장과 가격 경쟁을 벌이는 상황까지 와 있다. 여기에 배달 서비스까지 경쟁하는 상황까지 벌어지고 있다.

여기서 변하지 못하면 경쟁에서 밀리고 백화점도 물류 창고로 변할 수도 있다. 물류 창고는 택배의 전진 기지로, 그 안에는 고객은 없고 직원이 고객들이 인터넷이나 홈쇼핑으로 주문한 물류를 포장하는 모습만 있게 될 것이다.

이마저도 로봇이 사람의 역할을 대행하는 날이 머지않았다.

그래서 백화점과 대형 마트는 그대로 쇠락하거나 아니면 새로운 돌파구를 찾아야 할 것으로 보인다.

그러니 앞으로는 백화점 근처에 유동 인구가 많다는 이유로 권리금을 많이 주고 요식업 매장을 내는 것은 위험한 일이다.

홈쇼핑이 우리 쇼핑 문화의 중심으로 자리 잡은 것은 그리 오래된 일은 아니다. 물론 우리 집은 유선 방송 연결 없이 디지털 안테나를 이용해 공중파 4개 방송만 보기 때문에 홈쇼핑을 통해 물건을 주문하는 사람은 한 명도 없다.

홈쇼핑에서는 아파트도 팔고 금융 상품인 보험도 많이 판매한다. 나도 회사에서 근무할 때 홈쇼핑을 통해 보험 판매 매출이 상당히 높았던 기억이 있다.

이런 홈쇼핑 회사도 대부분 대기업들이 운영하는 곳이 많다. 품질도 중요하지만, 배송이 곧 서비스의 품질이기에 어느 회사는 아예 택배사를 인수한 경우도 있다.

전자 상거래 시장도 쿠팡이라는 엄청난 경쟁자가 나타나 시장의 판도를 뒤흔들고 있다. G마켓, 옥션, 11번가 등 기존의 강자를 위협하는 상황을 넘어서 아예 집어삼키려는 전략으로 몰아붙이고 있다.

최근에는 네이버 쇼핑이 연 매출 10조 원을 넘겨 새로운 강자로 등장한 것으로 알고 있다.

우리 입장에서는 로켓 배송으로 내일이면 물건을 받아볼 수 있고, 신선 식품 같은 경우는 새벽에도 받아볼 수 있다. 이런 전략을 통해서 고객을 감동시키고 있다.

유통업의 트렌드가 최근 몇 년 사이에 엄청난 변화를 경험하고 있고, 변화의 적응도가 가장 빠른 20대들이 이런 새로운 소비 패턴을 주도하고 있다.

이것뿐만 아니라, 연일 보도되는 택시 파업과 차량 공유 서비스도 소비 변화의 트렌드를 말해 준다. 영업용 택시 권리금이 반 토막 났다는 소식이 이런 변화를 단적으로 보여 준다.

고여 있는 물은 썩는다. 흐르는 물처럼 유연하게 대처해야 살아남을 수 있다.

⊙ 프랜차이즈 확대와 딜리버리 서비스는 자연스러운 시대 변화다

금융권도 은행, 증권, 보험의 장벽이 무너진 지 오래다. 특히 보험은 판매 채널이 매우 다양해졌다.

과거 모집인 중심의 영업에서 지금은 상품을 은행 판매 방식인 방카슈랑스, 전화 판매인 텔레마케팅(TM), 인터넷 판매, 홈쇼핑 판매, 법인 보험 대리점(GA)을 통한 판매 등 그 방식이 정말 다양해졌다.

최근의 요식업도 예외는 아니다. 과거에는 식당에 찾아가던 홀 중심 영업에서 요즘은 배달, 즉 딜리버리 서비스가 급격히 활성화되고 있다.

이는 단순히 배달 음식 문화가 확대된 것으로 생각하면 안 된다.

딜리버리 서비스는 대부분 프랜차이즈 음식이다. 이는 곧 앞으로 우리나라 요식업에서 프랜차이즈의 비중이 지금보다 더 확대된다는 의미이다.

우리나라 프랜차이즈 비중은 48% 정도로, 미국이 70%인 것에 비해 매우 낮은 수준이다. 그래서 앞으로 프랜차이즈의 비중은 20%

이상 가까이 성장할 수 있다고 예견한다.

중요한 것은 지금보다 20% 정도 정도 늘어날 때, 어떤 현상과 어떤 형태로 늘어나는가 하는 것이다.

우리는 소득 3만 불 시대에 살고 있다.

피자 브랜드 100여 개 중에서 프리미엄 가격대의 피자는 10여 개 정도 된다. 우리 빨간모자피자도 프리미엄급 피자다.

요즘에는 소비자 계층도 나뉜다. 하나를 먹어도 제대로 된 피자를 먹자는 소비자층이 있는가 하면, 초·중·고등학교 학생들이 많은 학원가 같은 곳은 중저가형 피자가 많다.

내가 어렸을 때는 소득 수준이 낮은 시대였고, 지금은 그때에 비해 20~30배 정도 오른 소득 3만 불 시대이다. 배고파서 허기를 달래던 때와는 전혀 다른 소비 형태가 나타나고 있는 것이다.

그래서 시장의 특성을 고려해 프리미엄 피자를 선택할 것인지, 아니면 저가형 피자를 선택해 매장을 낼 것인지 잘 판단해야 한다.

최근에는 프리미엄급 피자에서도 지각 변동이 감지된다.

'A 회사'는 홀 중심의 운영을 고집하다 배달 중심의 트렌드를 읽지 못해 고비용 구조에 매출까지 감소해 매각된 경우도 있다.

그리고 'B 회사'는 오너의 갑질 파문으로 SNS상에서 연일 뭇매를 맞은 것은 물론이고 주식 시장에서 거래가 정지되고 매장 수도 30% 정도 감소하는 결과를 초래했다.

이는 고객의 니즈에 부합하지 못하는 경영이 빚어낸 결과다.

맛있는 피자를 편안히 집이나 사무실에서 먹으려는 고객의 니즈를 알고 매장 운영 전략을 짜야 한다.

또한, 회사의 경영 전략에 나만의 영업 전략을 접목해야 한다.

최근에는 배달 전문 매장이 꼭 최고의 상권에 위치하지 않아도 된다.

임대료가 비싼 1층을 고집하지 않고 2층이나 3층에 매장을 만들어서 운영하는 곳도 있다. 그만큼 가격을 할인해 경쟁하려는 목적이다.

한 블록이나 두 블록 떨어진 곳에 매장을 잡아도 배달 서비스만 잘되면 얼마든지 승산이 있다.

그러나 방문 포장 비율을 어느 정도로 둘 것인가에 따라 신중히 위치를 선택하는 것도 중요하다.

앞으로 프랜차이즈의 비중은 더 높아질 것이고, 다양한 지역으로의 여행이 늘면서 지금보다 더 다양한 음식이 프랜차이즈 시장에 나타나게 될 것이다.

그러면 기존에 자리 잡은 피자나 중식과 함께 우리나라 국민 간식인 족발, 떡볶이는 물론이고 외국의 다양한 음식이 자리 잡을 것이다.

여기에 지역마다 굳게 자리 잡은 전통 음식점과 치열하게 경쟁해야 한다. 게다가 최근에는 호텔 음식도 배달하는 시대임을 인식해야 한다.

결론적으로 요식업 중 딜리버리 서비스는 영업 권역을 반경 2㎞ 정도로 잡고 그 안에 적게는 4만 가구, 많게는 6만 가구를 상대로 영업하기 때문에 내가 홍보를 어떻게 하느냐에 따라 성패가 좌우된다.

먼저 소득 3만 불 시대에 맞는 맛을 선택하라고 권하고 싶다.

회사 브랜드만 보고 결정해서는 절대 안 된다. 검증된 회사, 충분한 영업 권역이 확보 가능한지의 여부와 회사 가맹비, 개설비 등을 고려하여 프랜차이즈를 선택해야 한다.

그리고 나만의 서비스 차이를 확실하게 느낄 수 있는 마케팅전략을 써야 한다.

우리나라 먹거리 문화의 변화

⊙ 소득 4만 불 시대에 어울리는 먹거리를 찾자

예전엔 시골에서 모내기를 하면 하루에 네 번 정도 먹을거리를 가져왔다.

점심이 되기 전에 참을 가져오고, 2시간 정도 지나서 점심을 가져왔다. 점심을 먹고 2시간 정도 일하다 보면 오후 참을 가져온다. 그럼 대략 3시에서 3시 30분이 된다. 그리고 하루 모내기가 끝나면 저녁때 집에 와서 저녁을 먹고 헤어진다.

요즘 이렇게 하는 곳은 아마 없을 것이다.

휴대 전화로 식당에 전화하면 들녘까지 승용차나 오토바이로 어디나 배달을 해 준다. 그리고 커피를 마시고 싶다고 전화해도 마찬가지로 바로 배달이 온다.

시골의 문화가 이 정도로 변했으면 도시의 문화는 말로 하기 힘들 정도로 변했음을 직감할 것이다.

1990년대 초에 해외여행이 자유화되면서 사람들이 다양한 지구

촌 곳곳에 다녀와 음식 문화를 바꾸기 시작했다.

베트남 쌀국수와 같이 일반적으로 퍼진 음식도 있지만, 보통은 어느 나라를 다녀와 특색 있는 맛집 정도로 운영된다. 피자처럼 전 세계적으로 보편화되고 검증된 먹거리는 많지 않다. 그런 먹거리는 언뜻 생각해도 햄버거와 피자 정도만 떠오를 것이다.

요즘 유행하는 배달 앱을 봐도 전통적인 서양식 메뉴는 피자와 햄버거가 가장 먼저 생각난다.

다른 메뉴를 살펴보아도 치킨, 중국집, 한식, 분식, 족발 등 우리가 즐겨 먹던 우리나라 전통 간식이 대부분을 차지한다.

우리나라는 1997년에 IMF를 거친 이후 20여 년간 엄청난 정치적·경제적 변화 속에서 살고 있다. 세대 간의 갈등도 크고 가치관의 차이도 엄청나게 변했다.

요식업소가 1990년대에는 약 35만 개였던 것이 2018년에는 약 70만 개 정도로 늘었다고 한다. 아울러 시장 규모도 연간 120조 원 규모로, 엄청나게 성장해 왔다.

내 나이는 50대 후반이지만, 성인이 된 두 아들에게 아빠는 어렸을 적에 연탄도 못 때고 산에서 나무를 해다 때며 살았고, 읍내에서 먹어본 게 자장면밖에 없다고 말하면 아이들은 요즘에 어디 가서 그런 말을 하면 꼰대 소리를 듣는다며 젊은 사람들에게 그런 얘기는 하지 말라고 할 것이다.

흐르는 물이 소리 없이 흘러 강으로 가고 강은 다시 바다로 나아가듯이, 우리의 삶도 소리 없이 흘러 이미 소득 3만 불 시대에 접어들었다.

〈우리나라 소득 수준 변화〉

연도	국민 1인당 소득	비고
1988년	4,465불	88년 서울올림픽
1995년	1만 불 돌파	
2007년	2만 불 돌파	1만 불에서 12년
2019년	3만 불 돌파	2만 불에서 12년

표에서 보는 바와 같이 소득 1만 불에서 2만 불로 가는 데 12년이 걸렸고 2만 불에서 3만 불로 가는 데 12년이 걸렸다. 공교롭게 두 번 다 12년밖에 걸리지 않았다. 4만 불도 12년 이내에 이루어졌으면 한다. 그러면 2031년에는 1인당 소득 4만 불로, 완벽한 선진국 시대가 펼쳐질 것이다. 내가 1인당 국민 소득을 강조하는 이유는 이렇게 빠른 시기에 국민 소득이 올라간 나라가 없기 때문이다.

이제는 4만 불 시대에 걸맞은 웰빙(well-being) 중심의 먹거리가 우리 사회에 자리 잡을 것이다. 즉, 우리의 미래는 양이 아닌 질로 소비자에 대응하는 웰빙 식품의 길에 초점을 맞춰야 한다.

⊙ 피자는 세계적으로 검증된 웰빙 식품이다

피자는 전 세계를 막론하고 가장 대중적인 먹거리 중 하나이다. 그리고 가장 안전한 먹거리로 검증된 음식이다.

일반적인 기호 식품인 술이나 담배도 싫어하는 사람이 많고 연령별로 제약 조건도 많다.

그러나 피자는 남녀노소 누구나 좋아하는 친근한 음식이다. 치즈를 매우 좋아하냐, 덜 좋아하냐 정도의 차이가 있을 뿐이다. 오히려 피자나 치즈를 싫어하면 시대 문화에 뒤처진 사람 혹은 꼰대 같은 사람이라는 소리를 듣는다.

피자는 주중에도 자주 찾지만, 주말에 가족들과 함께 즐길 수 있는 대표적인 음식으로 주말 매출이 주중보다 2배 정도 상승하는 음식이다.

미국이나 유럽에서는 우리와 달리 피자가 주식에 해당한다. 게다가 피자는 제과점 빵과 다른 웰빙 식품이다. 피자는 발효된 치즈와 신선한 채소로 토핑해, 빵에 비해 식이섬유도 많은 웰빙 식품이다. 그러므로 피자는 요리라고 할 수 있다.

⊙ 이제는 식생활 트렌드가 변화한다

최근 우리나라에 소위 「김영란법」으로 「부정청탁 및 금품등 수수의 금지에 관한 법률」이 시행되면서 여러 업종이 된서리를 맞은 걸 다들 잘 알고 있을 것이다.

「김영란법」의 주요 내용은 경조사비 5만 원, 선물 대금 5만 원, 식사 비용 3만 원, 화환 10만 원 등 일정 금액 이상의 대가성 수수를 금지하는 것을 골조로 한다.

물론 한우 농가 같은 경우도 선물이 줄어 큰 타격을 입었다.

배달업도 타격을 받았다. 학부모들이 학기 초 반장 선거 때 한턱

낼 때나, 스승의 날에 학교로 가던 배달 주문이 없어졌기 때문이다.

2018년 12월에는 음주 운전 단속을 강화한 일명 「윤창호법」이 시행되었다. 이 때문에 음식점의 주류 매출이 줄었다는 말이 나오기도 한다.

국민 소득이 선진국 대열에 들어선 우리나라는 기존의 낡은 관행에서 유럽처럼 서서히 가족 중심의 문화로 바뀌어 가고 있다. 그래서 여가 시간에 취미 활동도 많이 하고 각자 나름대로 삶의 질을 높여 가고 있다.

먹거리 문화도 여기에 맞춰 다양해지고 있다.

언론에서 많이 보도된 것처럼 쌀 소비량은 2018년을 기준으로 1인당 연간 61.8kg으로 10년 전인 2008년 75.8kg보다 약 14kg 정도 감소해 약 20% 가까이 줄어들었다.

쌀 중심의 식생활에서 다양한 식생활로의 변화가 주요 원인이고, 그 가운데 피자도 그러한 식생활 변화에 기여했다.

이는 단지 식생활의 서구화가 아니라 지구촌의 모든 문화가 하나가 되는 과정이라고 볼 수 있다.

피자도 정말 많은 브랜드가 있지만 진정한 웰빙 피자는 빨간모자피자를 비롯해 몇 개 되지 않는다.

⊙ 치즈는 김치와 같은 발효 식품이다

치즈의 효능을 알고 피자를 먹어야 한다.

치즈는 우유보다 칼슘이 많이 함유되어 있기 때문에 어린이의 뼈 형성과 노인의 골다공증에 좋다. 체더 치즈를 기준으로 하루에 치즈 2장 이상을 섭취해 주는 것이 몸에 좋다고 한다.

그리고 치즈를 많이 먹으면 대개 살이 찐다고 생각하지만, 치즈에는 비타민 B 성분이 있어 우리 몸의 지방을 연소시키고 그 안에 함유된 식이섬유는 신진대사 촉진을 도와준다고 한다. 게다가 치즈는 장운동도 원활하게 해 주어 변비 예방에도 좋고 다이어트에도 도움이 된다고 하니 신기할 따름이다.

이처럼 치즈가 충치 예방에도 좋고 몸에 이로운 성분들이 정말 많은 것은 사실이지만, 당연히 과하게 섭취하면 우리 몸에 안 좋은 병들을 유발할 수 있다. 적당량을 섭취하여 우리 몸의 건강을 지킬 수 있도록 하자.

다음은 치즈의 종류이다.

치즈란 우유를 발효시켜 만든 것이다. 크림이나 버터 등을 이용하여 응유(凝乳)하고, 여기에 효소를 가해 응고시켜 유청(乳淸)을 없애고 가열·가압해서 만든다.

옛 기록에도 자주 나오는 치즈는 전 세계를 통틀어 발효 유제품 중에서 가장 오래되었다고 한다. 오늘날에도 어디서든 쉽게 접할 수 있고 각종 요리에 첨가되어 입맛을 즐겁게 만들어 주는 고마운 식품이다.

우리가 먹는 대부분의 치즈는 유럽에서 생산되고, 그 비율은 60%라고 한다.

치즈의 종류는 만드는 방식에 따라 일어난 변형으로 구분하기도 하고, 양젖, 염소젖, 소젖, 물소젖 등 사용된 우유로 구분하기도 한다.

간단하게는 생치즈와 숙성 치즈 두 가지로 분류하기도 한다.

숙성 단계를 전혀 거치지 않거나 겨우 며칠 동안 짧은 숙성 단계를 거친 치즈를 생치즈 또는 프레시 치즈라고 일컫는다. 여기에는 모차렐라 치즈와 리코타 치즈가 있다.

반면 일정한 기간 저장해서 숙성시킨 치즈는 숙성 치즈라고 한다. 그중에서도 흰 곰팡이로 발효시킨 치즈를 까망베르 치즈, 푸른곰팡이로 발효시킨 치즈를 고르곤졸라 치즈라고 한다.

참고로 지구상에는 400여 종의 치즈가 있다.

우리는 한국, 중국, 일본의 3국 음식을 표현할 때 이런 표현을 한다.

"한국의 음식은 맛으로 즐기고, 중국의 음식은 향이 좋아 코로 즐기고, 일본의 음식은 보기 좋아 눈으로 즐긴다."

한국 음식은 발효 식품이 많고 음식에 국물도 많다. 만든 뒤에 숙성시키고, 중간에 양념을 넣는 등 손이 많이 가는 음식이 대부분이다. 맛은 최고지만, 만드는 과정에 시간과 정성이 정말 많이 들어간다. 먹고 난 후에 치우는 과정에서도 많은 설거짓거리와 음식물 쓰레기가 나온다.

반면, 피자는 정형화된 레시피에 원하는 것을 토핑으로 추가하면 된다. 그리고 오븐에 구워 나오기까지 10분 정도면 된다. 한식처럼 복잡하지 않다.

피자를 올려놓을 수 있는 커다란 쟁반과 스파게티가 같이 나올 접시 정도만 있으면 된다. 만드는 사람도 효율성이 높고, 먹고 난 후에도 설거지나 음식물 쓰레기도 적어 치우기도 간편하다.

한 가지 단점은 모든 재료를 두고 원할 때 만들어 먹을 수 없고, 전문 매장에 주문해서 먹어야 한다는 것이다.

피자를 만드는 매장 입장에서는 다른 음식에 비해 효율성이 최고라는 의미이다. 게다가 발주량만 잘 조절하면 버리는 재료가 거의 없다.

어떤 사람은 한국 사람에게는 한국 음식이 최고라고 얘기한다. 하지만 지금은 세계화 시대이고 세계 음식을 어디서나 맛볼 수 있다.

우리가 잔칫집에서 빈대떡을 먹듯이 유럽인들은 집안에 경사가 있을 때 피자를 먹는다. 남녀노소를 막론하고 치즈가 몸에 좋다며 수시로 먹는다.

최근 피자 업계 동향을 살펴라

우리나라 최초의 피자 전문점은 1972년경에 서울 유네스코 빌딩에 개점했다고 한다.

당시에는 소위 '금테를 두른' 고급 음식으로 인식돼 대중에게는 그림의 떡이나 다름없었다. 자장면 한 그릇 가격이 500원인 데 비해서 피자 한 판의 가격은 11,000원까지 호가했다고 한다.

그러다가 1985년부터 체인점을 열면서 피자는 국내에 본격적으로 보급됐다. 1986년의 아시안게임과 1988년 서울올림픽을 거치며 사람들이 즐겨 먹는 음식으로 발전했다.

'빨간모자피자'는 1992년에 출범한 '국내 최장수 토종 피자 브랜드'로 서울 강남에서 피자 맛집이 되었다.

지금은 전국적으로 100개가 넘는 피자 브랜드가 있고 전문점도 1만여 개가 넘는다. 그만큼 가격도 저렴해졌고 대중적인 먹거리로 자리 잡았다.

2000년 이후로 빠르게 성장한 외식 산업은 연간 매출 규모가 120조 원을 넘어섰다고 한다.

이런 프랜차이즈 산업의 성장 속에서도 배달을 중심으로 한 프랜차이즈의 성장이 유독 두드러졌다.

매장 중심의 프랜차이즈는 소리 없이 경쟁에서 밀리는 분위기이다.

최근 치킨, 편의점처럼 포화 상태는 아니지만, 피자 업계 역시 브랜드와 매장 수가 많이 늘어나는 추세이고, 특히 중저가형 브랜드의 수가 많이 증가했다.

피자 브랜드 중 100개 이상의 매장을 보유한 프랜차이즈는 20여 개 정도, 매장이 30개 미만인 회사도 60여 개나 된다.

그중에서 프리미엄급 피자 브랜드는 10여 개 정도이고, 나머지 90여 개 브랜드는 중저가형 또는 저가형 브랜드이다.

피자집 창업도 회사별 연혁, 피자의 품질, 가맹점 설치 비용, 회사의 신뢰도 등을 잘 고려하여 문을 두드려야 한다.

◉ 피자 업계도 지각 변동이 커지는 분위기다

최근 언론에 보도된 프랜차이즈 관련 보도 내용 몇 가지를 보자.

치킨 프랜차이즈 중 'A 치킨'의 경우 모 임원이 점포에서 폭행을 해 물의를 빚었던 사건이 있었다. 그러나 임원이 이 일로 퇴사한 후 1년 뒤 다시 복귀해 한 번 더 논란이 일었다.

'B 프랜차이즈' 회장은 성희롱 파문에 휩싸여 점포 매출이 크게 감소했다는 보도가 있었다.

'C 프랜차이즈' 회장은 폭행 사건은 물론, 친인척을 동원한 치즈

통행세를 통해 이익을 챙겼다. 매스컴의 영향으로 이 사건 이후로 상당히 많은 가맹점이 줄었고 기존 점포도 매출이 줄었다고 한다. 여기에 최근 불경기로 인해 매출이 감소하는 악재가 겹친 것이다.

이런 일련의 일로 생기는 가맹점의 피해를 최소화하고자 공정 거래 위원회는 「가맹사업거래공정화에 관한 법률」을 만들었다.

그리고 피자 업계 매출 상위권에 있는 한 회사도 할인율을 지나치게 높이고 매출을 밀어붙인 데다, 홀 중심의 영업에서 배달 중심의 영업으로의 환경 변화를 읽지 못해 매각되기도 했다.

소위 프리미엄 피자 시장도 2018년 이후로 흔들리기 시작한 것이다.

프랜차이즈의 1차 고객은 가맹점주다.

본사가 상생을 목표로 가맹점주들을 교육하고 지원해 주고, 그들의 성장이 곧 회사의 성장이라는 생각을 가져야 한다. 그러나 이를 간과한 기업 윤리 의식이 부족한 오너들에 의해 발생한 지각 변동이 균열을 만든 것이다.

2차 고객이 피자를 주문하는 고객임을 명심하는 기업가 정신이 요구된다.

⦿ 검증되고 정직한 회사, 빨간모자피자의 경영 철학이 좋다

빨간모자피자의 심벌마크는 헤르메스(Hermes)이다.

헤르메스는 그리스 신화에서 날개 달린 빨간 모자를 쓰고, 날개 달린 샌들을 신고 신들의 뜻을 인간에게 전달하는 전령사 역할을 한다. 빨간모자피자도 가장 맛있는 피자를 누구보다 빨리 전달해 드리는 '맛의 전령'이 되겠다는 뜻을 담은 것이다.

빨간모자피자는 1992년에 만들어진 28년 역사의 국내 토종 브랜드이다. 국내의 프리미엄급 피자 브랜드는 대부분이 미국식 피자지만, 빨간모자피자는 정통 이탈리안 방식의 피자이다.

미국식 피자와 이탈리안 방식의 피자는 각각 나름대로 특성이 있지만, 나는 부드럽고 자극적이지 않은 이탈리아 방식의 피자를 더 좋아한다.

빨간모자피자의 강점은 다음과 같다.

첫째, 서울 강남을 중심으로 28년 동안 맛과 품질을 인정받은 브랜드이다. 담백하고 고소한 맛, 쫄깃한 도우, 소화가 잘된다는 장점을 지닌 강남 피자 맛집이다.

둘째, CEO의 정직한 경영이 신뢰를 준다. 도미노 피자에서 오랜 기간 CEO로 재직한 조형선 사장님이 성공 경험을 바탕으로 펼치는 투명하고 정직한 경영에 신뢰가 간다. 물류 등 경영 전반에 걸쳐 편법을 생각하지 않는 정직한 경영 원칙을 세우고 이를 지키도록 관리한다.

셋째, 매장 신설 시 가맹점주 입장에서 생각한다. 가능한 가맹점주의 이익이 곧 본사의 이익이라는 방향에서 결정한다.

이렇게 빨간모자피자는 일부 편법이 판치는 프랜차이즈 시장에서 투명하고 정직한 경영으로 불경기에도 기복 없는 매출이 이루어지고 있다.

초보자를 위한 창업 가이드

최소한 프랜차이즈 시장은 알아야 한다.

김웅 검사가 쓴 『검사내전』의 '프랜차이즈 시장의 폭탄 돌리기'에서는 '창업 6·3·1 법칙'이라는 글이 나온다. 창업 후 60%는 폐업하고 30%는 살아남으며 10%만이 성공한다는 것이다.

대한민국은 베이비붐 세대가 만들어 놓은 고성장 시대를 지나 출산율 저하로 인한 저성장 시대에 접어들고 있다. 흔히 우리가 얘기하는 1기 베이비붐 세대인 56년생부터 63년생까지, 2기 베이비붐 세대인 64년생부터 69년생까지가 향후 10년간 퇴직의 물결에 휘말릴 것이라는 이야기를 들었다. 이들은 재취업하거나 자영업에 뛰어들 것이다.

그러나 인생은 소풍이 아니다. '할 것 없으니 자영업이라도 해야지.'라고 생각하면 안 된다. 육하원칙에 따라 방향과 목적을 분명히 하고 시작해야 한다.

우리나라는 인구 대비 미국의 4배, 일본의 2.5배나 되는 사람들이 자영업에 종사하고 있다. 그래서 프랜차이즈 업종 선택은 더욱 신중해야 한다.

커피 전문점은 매장 수가 약 8만여 개로 인구 647명당 매장 1개, 치킨 전문점은 약 8만 7,000여 개를 넘어서 596명당 1개, 편의점은 약 4만여 개로 1,290명당 1개꼴이다.

피자도 위에서 말한 업종 정도는 아니지만 포화상태다. 국내 피자의 매출 시장 규모는 연 2조 5천억 원에서 3조 원 정도로 추산한다. 이 중에서 프리미엄급 브랜드 매출이 전체 40% 정도를 차지하고 있다.

요즘 자영업 경제는 사실상 비상(非常)이다. 비상은 '아닐 비(非)' 자, '항상 상(常)' 자를 쓴다. 상식적인 방법이 아닌 특단의 방법으로 현실을 헤쳐 나가야 한다.

2017년에는 상가 공실률이 9.5%였던 것이 2019년 9월을 기준으로 보면 11.5%로 2%나 증가했고, 17%가 넘는 도시도 3곳이나 있다는 보도가 마음을 더 무겁게 한다.

검증되지 않은 업종으로 전환하거나 창업하지 말고, 건강 열풍이 불고 있는 시대적 분위기에 맞춰 우리의 미래를 만들어 가자.

최근에는 프리미엄급 브랜드 중에서도 일부 회사는 경영상 큰 어려움을 겪고 있다. 그럴수록 맛과 품질이 검증된 회사, 매출 성장이 가능한 회사, 영업권이 보장된 회사, 창업 비용이 합리적인 회사, 로열티나 홍보비가 합리적인 회사를 선택해야 한다.

⊙ 초보자가 실패하지 않으려면 배달 영업의 장점을 알아야 한다

피자 매장 운영은 크게 3가지 형태로 운영된다.

배달과 홀이 둘 다 있는 매장, 배달 전문 매장, 포장 전문 매장이 그것이다.

이러한 영업 형태를 요즘 표현으로는 '인바운드(In bound)' 영업과 '아웃바운드(Out bound)' 영업으로 나눈다.

인바운드 영업의 대표적인 예가 홈쇼핑이다. 홈쇼핑은 쇼호스트가 방송으로 제품을 설명하면 고객이 전화로 주문하는 형태이다.

아웃바운드 영업은 내가 우리 피자를 먹게 하기 위해 고객을 찾아 나서는 것이다.

보통 매장 위치로부터 반경 2㎞ 이내를 영업권으로 잡고 홍보를 한다. 도시로 치면 보통 1개 구의 절반 정도로 생각하면 된다. 동서남북으로 나누어 보통 한 방향당 1만 가구에서 1만 5천 가구로 모두 대략 4만 가구에서 6만 가구 정도라고 생각하면 된다. 아파트나 오피스텔이 많으면, 가구 수는 더 많을 수 있다.

그런데 문제는 영업권 안에 기존 맛집도 많다는 것이다. 맛집 중에서도 오래된 맛집과 최근에 뜨는 맛집이 있다.

이들은 맛도 있고, 소문도 나 있으며, 방송이나 인터넷 등에 올라가 있어 이미 고객들로부터 신뢰도 두텁게 쌓인 매장들이다. 소위 말하는 '무림의 고수'처럼 '맛집 고수'들이다.

자영업에서는 '3·3·4 비율'이라는 표현을 쓴다. 상위 맛집 30%는 안정된 수익을 가져가고 중간 30%는 그런대로 생활비를 가져가는 수준을 유지한다면, 하위 40%는 적자에 허덕이며 힘든 하루하루를 견디고 있다는 의미의 일반적인 표현이다.

내가 만약 배달 영업이 아니고 홀 중심의 매장을 운영하며 고객이 오기만을 기다렸다면 아마 이만큼 매장을 성장시키지는 못했을 것이다.

나는 배달 영업의 장점을 알고, 직접 전단지를 들고 고객이 있는 현장으로 찾아 나섰다. 그래서 고객을 더욱 빨리 늘릴 수 있었다.

이는 배달 영업이기 때문에 가능한 것이었다

⊙ 상권 분석은 이렇게 한다

업종을 선택하고 나면 원하는 지역 상권을 분석해야 한다.

내가 경험한 피자의 경우를 예로 들어 설명해 본다.

상권을 분석할 때에는 배달이 가능한 반경 2㎞ 이내의 가구 수, 가구 형태, 상가 분포도와 연령층을 고려해야 한다.

가장 좋은 지역은 신규 아파트와 학교가 많고, 지하철이 있어서 유동 인구가 많고, 대학 병원, 금융권이 밀집되어 있으며, 벤처 기업이 많은 지역이다. 중소벤처기업부에서 운영하는 소상공인 상권정보시스템 홈페이지를 보면 이를 어느 정도 알 수 있다.

그리고 희망하는 프랜차이즈 본사에 상권 분석을 의뢰하는 것도 또 하나의 방법이다.

빨간모자피자의 매장의 경우를 예로 들면 쉽게 이해할 수 있다. 잠원점의 경우 한강 둔치와 아파트 단지, 대학 병원을 갖춘 상권을 가지고 있다. 구로점의 경우 구로디지털밸리에 벤처 기업이 많고 지하철 더블 역세권이 3곳이나 있다. 고대점의 경우 고려대, 경희대, 외국어대와 주변에 많은 상권이 발달해 있다. 동탄점의 경우 삼성전자 배후 도시로 젊은 층이 많은 최근에 지어진 신도시이다. 대구 수성구점은 대구에서 최고로 생활 수준이 높고 전철역이 있는 사거리에 위치해 있는 데다, 주변 상가에 배달 관련 경쟁 가맹점이 없다.

물론 입지가 아무리 좋아도 경쟁 업체와의 또 다른 경쟁도 예상해야 한다. 그래서 어떤 경쟁 업체가 들어와 있는지 확인한 후에 나의 매장 위치를 선정해야 한다.

그리고 여기서 어느 가격대에 어떤 품질로 승부할 것인지도 고려해야 한다. 또한, 매장 홍보를 어떻게 하느냐에 따라 매출이 달라진다는 사실을 명심하고 전략을 세워야 한다.

상권 분석 시 하나 더 참고해야 할 사항은 배달 영업권 보장이다.

프랜차이즈 회사로부터 매장 위치로부터 몇 ㎞까지 영업 권역을 부여할지를 확실히 정해야 한다.

어느 메이저 브랜드의 경우 서울에만 매장이 100여 개가 있다. 서울 25개 구로 나누면 1개 구에 평균 4개의 매장이 있는 것이다. 우리의 경우와 비교하면 50% 수준의 영업 권역을 부여하고 있다.

배달 업종의 경우는 매장의 위치도 중요하지만, 영업 권역 또한 매우 중요하다.

⊙ 매장 선택 시 이것들을 고려하자

업종이 정해지면 매장을 선택해야 한다.

매장 선택은 당연히 발품을 많이 팔아야 한다. 매장 선택도 결국은 부동산이다. 그렇기에 부동산을 고르는 기본이 발품을 파는 것이듯, 매장 선택도 발품을 팔아야 한다.

매장 선택 시 먼저 고려할 사항은 임대료이고, 그다음은 배달과 방문 포장이 가능한 정도이다.

매장은 한 곳만 보지 말고 여러 곳을 비교 및 평가하는 자료를 스스로 만드는 것이 좋다.

평가 자료는 임대료, 유동 인구, 인접 지역 경쟁 업체, 상권 활성화 정도, 반경 2㎞ 이내 아파트 상권 분포도 등 자기 나름대로 대략 5가지 정도 주요 항목을 설정하면 된다.

특히 유동 인구는 아침 출근 시간, 점심시간, 저녁 퇴근 시간, 늦은 야간 시간으로 나눠서 여러 번 체크하는 것이 제일 좋은 방법이다.

그리고 평일과 주말을 나누어서 체크해야 한다. 주중 유동 인구가 많아도 주말 유동 인구가 적은 경우에는 지역에 따라 그 차이가 클 수도 있다.

배달 중심이지만 포장 비율을 예상하여 대로변이나 중심 사거리에서 접근이 얼마나 용이한지를 잘 판단해야 한다. 이런 지역은 임대료가 비싸기에 말 그대로 가성비가 떨어질 수 있음을 감안해야 한다.

그래서 매장을 한 곳만 보지 말고 여러 곳을 보며 고르는 것이 좋다.

좋은 입지 조건은 유동 인구에 의한 홍보 효과를 누리면서 초기 리스크를 줄일 수 있고, 손쉽게 자리 잡을 수 있다.

자영업을 오래 해 온 사람들은 이런 안목이 갖춰져 있다.

배달 영업의 경우는 매장이 A급 지역이 아니어도 된다는 장점이 있다. B급, C급 지역 중에서도 얼마든지 찾을 수 있다.

위에서 언급한 것과 같이 매출액을 예상해 대략 매출액의 7% 이내 정도를 임대료로 생각하면 무난하다. 예를 들어 매출 예상액이 3,000만 원이라면 한 달 임대료가 210만 원을 넘지 않는 선에서 매장을 구하는 것이 가장 이상적이다.

그래서 요즘 배달 영업을 하는 곳은 매장을 1층이 아닌 2층, 3층에 내는 경우도 있다. 물론 1층이 아니면 방문 포장 고객이나 배달 대행이 오기 불편하다는 사실은 반드시 알고 있어야 한다.

결론적으로 매출 예상과 임대료의 상관관계를 잘 예측하고 상가를 임대해야 한다.

⊙ 피자 영업은 어떤 매력이 있나

피자 가맹점 운영을 위해서는 보통 2주 정도 교육을 받는다. 피자 만드는 방법, 피자별 토핑, 전화 접수 요령, 위생 교육, 세무 교육 등을 교육받는다.

그중에서 제일 어렵고 중요한 것이 피자 도우를 펴는 기술이다. 빵을 가져와서 펴는 기술이 제일 중요하고 배우는 데도 가장 힘이 든다.

나도 거의 2주 동안 빵을 치고 밑 소스를 토핑하는 교육만 반복적으로 받았다. 아주 단순하면서도 쉬운 것 같지만, 안 해 본 일이기에 긴장도 되고 어깨에 힘이 들어가 자꾸 실수를 했다. 어깨에 힘이 들어가면 좋은 게 하나도 없다.

여기서 피자집을 일반 식당과 비교해 보면 쉽게 차이를 알 수 있다. 식재료는 본사에서 발주하면 되고 국물이 없고 그릇도 없어서 설거짓거리도 많지 않다. 배달하고 오면 매장에 쓰레기나 설거짓거리도 그리 많지 않다.

그러나 치킨에 비해 피자는 메뉴마다 레시피가 달라 숙달하기까지는 조금 시간이 필요하다. 그래도 대부분 2~3개월이면 능숙하게 만든다.

⦿ 어떤 프랜차이즈를 선택해야 하나

업종이 정해지면 어떤 프랜차이즈 선택하느냐가 중요한 문제로 대두된다.

피자 창업의 예를 들어 중요한 요소를 몇 가지 짚어 보자.

크게 회사 신뢰도, 맛의 평판도, 인테리어 비용, 로열티 및 광고비, 가격 정책 등을 생각하면 된다.

먼저 설립 연도가 검증된 회사를 선택하는 것이 좋다. 피자도 생각보다 브랜드가 많고 우후죽순으로 생겼다가 사라지거나 상호를 바꾸는 경우도 많다. 그 손해는 가맹점주가 지는 경우가 많으니 반드시 검증된 회사를 선택해야 한다.

다음으로 맛과 가격 정책은 상권과 비교하여 여러 곳을 비교해 입체적으로 판단해야 한다.

업종 선택 후 창업 비용은 중요한 요소 중의 하나이고 회사마다 차이가 크다. 몇 개 회사를 예로 들어 설명하면 이해가 쉬울 듯하다.

〈피자 창업 비용 비교〉

구분		빨간모자피자	A사	B사	C사
창업비용	평수	12평	20평	20평	17평
	인테리어	5,650만 원	1억 6,500 만 원	8,960만 원	1억 600 만 원
	교육비	200만 원	200만 원	250만 원	200만 원
	가맹비	1,000만 원	3,000만 원	1,500만 원	3,060만 원
	물품 보관비	500만 원	500만 원	1,000만 원	2,000만 원
	총비용	7,650만 원	2억 원	1억 1,710 만 원	1억 5,860 만 원

총액별로 보면 최저 7,650만 원부터 최고 2억 원으로 3배 가까이 차이가 난다.

항목별로 보면 인테리어 비용이 제일 비중이 크므로 가격 차이를 차분히 확인해야 한다. 교육비는 비슷하므로 생략하고, 가맹비는 3배 정도 차이가 있어서 매우 큰 편이다. 물품 보관비는 돌려받는 돈이기는 하지만, 초기에 4배 정도 차이가 나므로 창업하는 사람 입장에서는 부담이 된다.

비슷한 가격대라면 창업 비용을 고려하는 것이 영업권 보장 이상으로 중요하다.

로열티 및 광고비는 다음 표를 보면 쉽게 이해할 수 있다.

〈월 매출 5,000만 원 시 로열티+광고비〉

구분	빨간모자피자	A사	B사	C사
로열티+광고비	4.5%	10.5%	7%	11.8%
월 매출 5,000만 원 시 부담액	225만 원	525만 원	350만 원	590만 원
당사 대비 차액		300만 원	125만 원	365만 원

빨간모자피자와 'A사'의 경우를 예를 들어 보자. 본사가 가져가는 로열티와 광고비의 차이를 단순히 4.5%와 10.5%로 보면 와닿지 않지만, 월 매출이 5,000만 원 이상일 때로 그 부담액을 비교하면 우리는 225만 원이고 A사는 525만 원으로 300만 원의 차이가 있다.

빨간모자피자는 국내 토종 브랜드로 외국 본사에 로열티를 지급하지 않기 때문에 부담액을 4.5%로 저렴하고 합리적으로 책정할 수 있다. 그러나 A사의 경우는 외국 본사에 일정 부분 로열티로 지급하는 것으로 파악했다.

이렇게 로열티와 광고비의 차이만 해도 한 명의 인건비에 해당하는 금액이다. 반대로 말하면 빨간모자피자는 국내 토종 브랜드로 로열티와 광고비가 저렴해 같은 프리미엄급 피자 중에서도 저렴한 가격을 유지할 수 있다.

이렇게 회사별로 큰 차이가 있다는 사실을 참고하고 창업 시에 꼼꼼히 따져 봐야 한다.

빨간모자피자는 가맹점 설치 원칙을 설정했다.

첫째, 영업권을 타사보다 200% 넓게 보장한다.

둘째, 앞으로 인구 30만 명 이상의 중견 도시 이상에만 매장을 설치한다.

셋째, 무분별하게 가맹점을 운영하지 않고 가맹점주의 이익을 우선으로 한다.

넷째, 지금까지와 같이 투명 경영을 실천한다.

⊙ 기존 매장 인수 시 확인 사항과 권리금 산정 방법을 알아 두자

일반적으로 기존 매장을 인수할 경우 가장 먼저 해야 할 것은 매장을 방문해 인테리어를 확인하고, 인수 의사가 있을 경우 매출, 마진율 등을 확인하는 것이다.

그러나 사실 이건 거의 의미 없는 자료나 마찬가지다. 프랜차이즈 영업 과정을 아는 유경험자가 아니면 명확한 핵심 요소를 찾아서 원하는 질문을 하기가 어렵다. 전문가나 유경험자와 함께 방문해서 확인하는 것이 기본이다.

미리 준비한 항목별 질문을 차근차근 확인하면 영업 권리금을 추산할 수 있다.

〈인수를 위한 주요 확인 사항〉

구분	확인 사항	비고
매출	월 매출, 할인율, 주중+주말 매출, 객단가 등	
주문 경로	방문(30% 이상이면 입지 양호), 전화, 배달 앱	방문(30%~40%), 배달(60%~70%)
식재료비	매출액 대비 점유비	33~37% 수준
인건비	매출액 대비 점유비	25% 정도
할인율	포장 시 할인율	
임대료/관리비	월 매출액 대비 임대료, 매출액 점유비	7% 이내
홍보비	월 매출액 대비 점유비	5~7% 정도
기타	세금, 오토바이 보험 등	

이런 자료를 종합해서 체계적으로 컨설팅하는 부동산이나 업체는 나는 아직까지 만나 보지 못했다.

이처럼 수십 가지 항목을 확인해야 정확한 매장의 영업 권리금이 산출된다.

우리가 알고 있는 권리금은 바닥 권리금, 시설 권리금, 영업 권리금의 3가지가 있다.

바닥 권리금은 주로 위치나 주변 상가의 활성화 정도에 따라서 달라질 수 있다. 그러나 요즘 같은 불경기에는 바닥 권리금이 없는 상가를 찾는 사람이 대부분이다.

시설 권리금은 보통 3년 감가상각을 하므로 대략 투자 비용의 몇 % 정도를 차지하는지를 계산하면 더 쉽다. 감가상각을 계산하기는 어려워 가맹점 최초 오픈 시 투자 비용을 확인하면 쉽게 예측할 수 있다.

제일 중요한 권리금은 영업 권리금인데, 이것을 정확히 계산해야 매장의 가치를 제대로 판단할 수 있다. 초보자의 경우는 경험자나 전문가와 동행해 영업 가치를 판단하라고 권하고 싶다.

나는 이런 자료를 기초로 멘토링해 줄 수 있는 방법을 구상 중이다. 내가 과거에 이런 일로 힘들고 어려웠기에 처음 시작하는 사람들에게 조금이나 보탬이 되고 싶다.

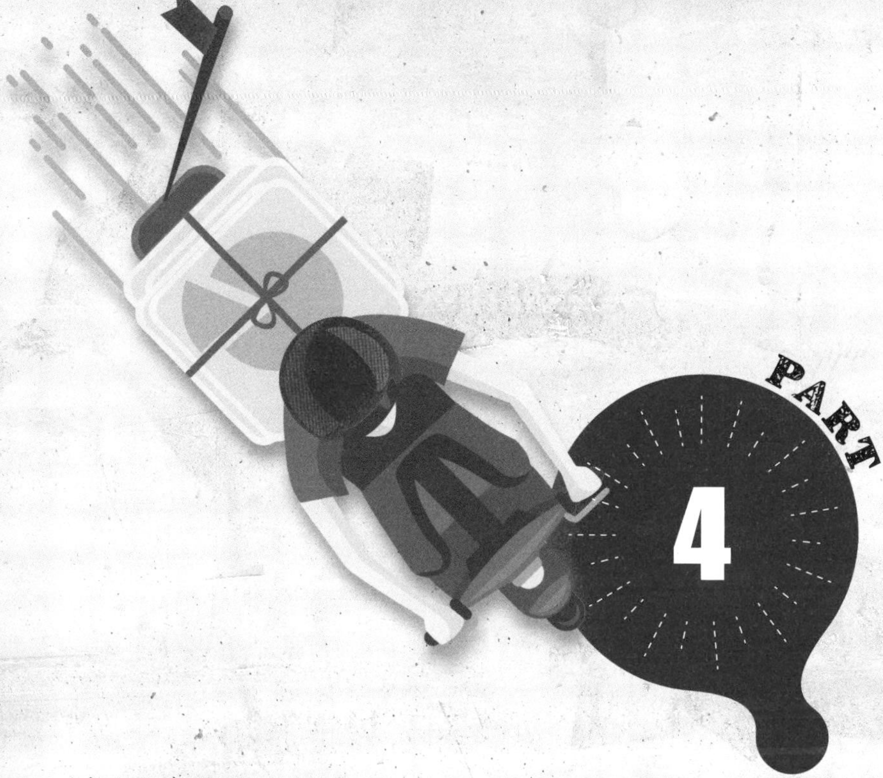

PART

4

맛있는 피자의 시작은 매장 운영에서부터

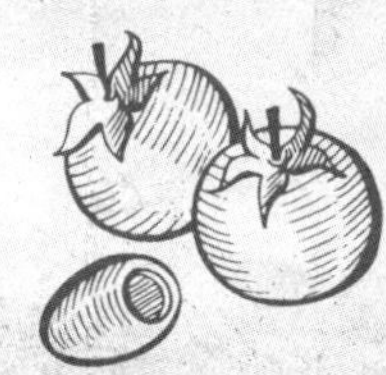

최적화된 매장 운영

창업 후 1년간 영업 실적이 잘 풀리지 않던 매장을 인수했다. 이제 주사위는 던져졌다.

인수 당시 조금 걱정은 되었지만 묘하게도 크게 염려되는 기분은 아니었고 왠지 해낼 수 있겠다는 자신감이 들었다.

맨 먼저 해야 할 일은 매장을 내가 일하기 최적의 상태로 만드는 것이었다. 그러나 기존 매장은 매출이 적어서인지, 아니면 요식업 경험이 없는 사람이 운영해서인지 내가 원하는 스타일과 달라서 바꾸고 고쳐야 할 것이 생각보다 많았다.

내가 원하는 스타일과 일하기에 효율적인 스타일을 갖춘 매장을 만드는 데 6개월 정도 걸렸다.

그리고 한참 지나 2019년 초, 부천시청에서 2명이 위생 점검을 나와 매장을 둘러보고 이렇게 얘기했다.

"이렇게 깨끗하고 정리정돈이 잘된 매장이 부천에도 있네."

그러면서 모범 사례로 소개해야겠다고 하면서 사진도 찍어 갔다. 사실 칭찬을 받으니 기분이 좋았다. 무언가 대가를 바라고 한 건 아니지만, 우리가 잘하고 있다는 사실을 공식적으로 인정받으니 흐뭇했다.

⊙ 공개 공지, 악재에서 호재가 되다

공개 공지(公開公地)를 가장 모범적으로 사용한 건 우리 빨간모자 피자 상동점이었다.

부천 상2동과 상3동 상가 지역에는 200평 정도 되는 대지 위로 7~8층 정도 되는 높이의 건물들이 줄지어 늘어서 있다. 그런데 특이하게도 다른 지역에서는 보기 힘든 형태의 공개 공지가 건물마다 있다.

건물 관리소장이나 건물에 거주하는 사람들의 얘기를 들어보니 처음 건축 허가 시 건물 용적률을 더 받기 위해 만들어졌다고 했다.

그런데 우리 매장은 폭 4m, 길이 5m 정도의 크기로 공개 공지 안쪽에 위치해 있었다.

그래서 관리소장과 상가 번영회 회장과 상의해 규정에 위배되지 않게 인테리어를 새로 하기로 하고 공개 공지 취지에 맞는 쉼터 개념의 인테리어를 했다. 나중에 매장을 정리하고 떠나도 기증하는 것으로 약속하고 공개 공지 환경을 바꿨다.

그곳에서 마음 편하게 살고, 모범적인 사례로 공개 공지를 운영하고 싶어서였다.

〈공개 공지 설치 형식〉

① 누구나 이용할 수 있는 곳임을 알 수 있는 표지판을 설치할 것 ② 물건을 쌓아 놓거나 출입을 차단하는 시설을 설치하지 않을 것 ③ 환경친화적으로 편리하게 이용할 수 있는 긴 의자 또는 파고라 등 건축조례로 정하는 시설을 설치할 것 (건축법 참고)

그래서 위의 기준에 맞춰 새로 인테리어를 했다.

이렇게 쉼터를 만들어 상동 그린프라자 건물에 기증했다.

⊙ 실내 인테리어는 효율성을 극대화하자

전쟁에서 승리하기 위해서는 진지 구축과 군수 지원이 기본적으로 잘되어 있어야 하듯, 요식업도 매장의 레이아웃(lay out)과 재료 준비, 청결 등 어느 하나 빠짐없이 준비되어 있어야 한다고 생각한다.

직원들과 불편함과 효율성을 염두에 두고 미팅을 하면서 하나씩 바꿔 나갔다.

첫째, 방문 고객을 위한 메뉴판을 벽면에 설치했다.

인기 피자와 토핑 추가 항목을 메뉴판을 보지 않고도 주문이 가능하도록 했다. 사이드 메뉴판도 소개해 스파게티, 치킨, 양념반달감자, 피클 등의 메뉴를 사진과 함께 넣었다. 상동점만의 인테리어 보완점이었지만, 투자 비용 대비 효과와 반응이 좋았다.

둘째, 공간 효율성을 극대화했다.

토핑 테이블 위 빈 공간에 선반을 만들어 피자 박스를 접어 놓고 선반 밑에 조명 등을 달아 토핑 시 레시피 용지가 잘 보이게 했다.

셋째, 워크인 공간의 효율성을 극대화했다.

워크인은 걸어 들어갈 수 있는 냉장고로, 냉장 식품을 보관한다. 청결이 가장 중요한 곳 중 하나이다. 4단 선반을 5단으로 만들어 공간 효율성을 극대화했다.

넷째, 창고 및 다용도실도 청결하게 개보수했다.

매장 뒤쪽 다용도실은 약간 좁은 편이고 선반이 여러 개 있었다. 이 선반에 상온에 보관하는 물건과 피자 박스를 두고, 도우 트레이 받침대를 만들어 사용했다.

결과적으로 위생 관리상 최고로 모범이 되는 매장으로 만들어 놓았다.

신선하고 맛있는 피자는 깨끗한 곳에 보관한 신선한 재료로 깨끗한 환경에서 만들어야 한다고 생각했다. 그렇기에 이런 인테리어 과정이 단 1%라도 마음에 거슬려서는 안 된다고 다짐하고, 실천했다.

투명한 직원 관리와 라이더의 안전 수칙

직장 생활을 하면서 좌우명처럼 생각하는 말이 하나 있었다.

"일은 원칙대로 배워 정석대로 행하라."라는 말이다. 항상 노트 첫 머리에 써 놓고 자주 사용하던 말 중의 하나이다.

매스컴에서 나오는 많은 뉴스처럼 잘못된 관행을 범하고 싶지 않아 시간 관리와 직원 관리에 있어서만큼은 제대로 대우하고 제대로 운영하자고 처음부터 마음먹고 실천하려고 노력했다.

그런데 서둘러 빨리 매장을 오픈하다 보니 「근로기준법」도 제대로 알지도 못했고, 준비도 부족했다는 것을 얼마 지나서 알게 되었다.

다행히 빨간모자피자는 28년 된 브랜드로 영업팀이나 마케팅팀, 경리팀 등 시스템이 여느 프랜차이즈 못지않게 잘 갖춰져 있는 편이어서 어떤 일이든 곧바로 해결 가능했다.

또한, 누구를 막론하고 처음부터 원칙을 세워서 직원을 관리했다.

⊙ 근로 계약서는 반드시 첫날 작성하고 근무해야 한다

직원은 근로 계약서를 반드시 작성하고 근무시켜야 문제가 생기지 않는다. 면담 후 근무하겠다고 쌍방 간에 합의가 되면 근로 계약서를 지체 없이 작성하고 근무를 시켰다.

근로 계약서를 작성하지 않고 근무를 시켰을 때, 고용노동부에 신고하면 바로 문제가 된다. 실제로 옆 가게에서 계약서를 작성하지 않고 이틀간 근무한 후 신고해서 과태료를 내고 합의를 본 적도 있다고 들었다.

근로 계약서는 본사에서 제공받아 그대로 사용해도 된다. 그러나 필요한 사항을 매장에 맞게 보완하여 사용해야 하는 경우도 발생한다.

이럴 경우에는 고용노동부에 문의하여 법률적으로 문제가 없는지 확인하거나, 본사 자문 변호사에게 수정 내용을 의뢰해 사용하는 것이 바람직하다.

작성한 근로 계약서는 한 부는 매장에 보관하고, 한 부는 근로자 본인에게 지급한다. 이렇게 하지 않으면 고용노동부 불시 점검에 걸릴 수도 있으니 즉시 해 놓는 것이 최선이다.

또한, 근무 조건을 자세히 설명해 주어야 한다.

나는 근무 시간은 양식을 만들어서 관리한다고 말해 주었다. 그리고 1주일에 한 번 정도 근무 시간 이상 여부를 확인했다.

출퇴근 역시 양식을 만들어 사용하면 된다. 출퇴근 시간을 본인이 기록하고 서명하도록 하고, 점장이 이를 관리하도록 하면 된다. 나는 전산 작업을 어느 정도 할 수 있어 엑셀 파일을 만들어 관리하고 이따금 바쁘지 않을 때 시간에 이상이 없는지 확인했다.

또한, 아이스크림도 먹고 호떡도 사다 먹으며 직원들과 대화도 하고 성희롱 방지 교육을 하는 것은 물론이고, 고객 응대 요령, 전화 응대 요령 등을 자연스럽게 교육했다. 직원들도 소통이 잘되는지 정말 잘 따라 주었다.

⊙ 대표 직함과 직원 호칭을 사용하자

매장 직원 모두 호칭을 부여하고 사용했다. 고객이나 누가 와서 봐도 "야."라고 한다든가 "누구야."라고 부르면 보기에도 좋지 않고 매장의 품위도 떨어진다고 생각해 호칭을 사용했다.

나는 사장님이라는 호칭이 부담스러워 대표라고 부르게 했다. 매장을 총괄하는 직원은 점장, 나머지는 주임이라고 정했다.

한자의 '믿을 신(信)'은 '사람 인(人)'과 '말씀 언(言)'이 합쳐져 만들어진 단어이다. 사람은 말에서 신뢰가 형성되고, 직원 관리는 상호 신뢰에서 비롯된다.

장사가 잘되는 매장은 원칙적이고 투명한 직원 관리에서 그 위력이 나온다고 믿었다. 그렇기에 초보 창업자인 나도 과거 직장 생활의 경험을 기초로 관리한 것이 큰 밑거름이 되었고, 같이 근무한 직원들과 헤어진 지금도 연락하고 지낸다.

다리가 없는 강을 편하게 건널 수 없듯이, 자영업도 초창기 1년 정도는 모든 걸 이겨내야 행복을 가질 수 있다는 평범한 진리를 깨달았다.

⊙ 가장 투명한 급여 관리가 필요하다

급여는 정말 신성한 돈이기에 내 나름대로 몇 가지 원칙을 정해서 지급했다.

급여 날짜는 10일로 하고, 휴일일 경우 앞당겨 금요일에 지급하기로 약속했다. 10일에는 급여 봉투도 만들어 급여 명세서를 주면서 면담한 뒤 지급했다. 최대한 투명하게 해 주려고 내 나름대로 고안해낸 방식이었다.

급여 양식은 근무한 시간, 직책 수당, 성과 수당을 명시해 지급해 주었다. 그리고 1년 이상 근무하면 4대 보험과 세금 공제 내역 맨 밑에는 퇴직금 적립액까지 명시해 주었다.

막내로 들어온 주임은 자기는 요식업 분야에서 5년 동안 근무해 오면서 급여 명세서를 받아본 것도 처음이고 초과 근무를 했다고 특근 수당을 주는 것 또한 처음이라고 신기해했다.

급여는 다른 돈과 다르게 정말 투명하게 주려고 노력했다.

⊙ 라이더의 안전 수칙을 지키자

요즘 우리는 백화점. 대형 마트를 방문해 쇼핑하던 시대를 지나 홈쇼핑과 인터넷 쇼핑을 통해 원하는 물건을 구입하고 이를 택배나 배달 대행으로 받는 전자 상거래 시대에 살고 있다.

매장을 운영하며 수천 건에 달하는 배달을 하면서 라이더로서 느낀 점과 안전 수칙에 대해 꼭 말하고 싶은 몇 가지가 있다.

이것은 내가 배달을 하면서 처음부터 실천해 온 것이다.

내가 27년 동안 타고 다닌 승용차는 2대뿐이고, 단 한 번의 사고도 없었다. 오랜 기간 무사고로 운전할 수 있었던 것은 충실한 기본기에 그 비결이 있다.

오토바이 배달도 마찬가지이다. 2017년 9월에 매장을 오픈할 때는 오토바이를 타 본 지가 20년이 넘어 시동도 못 걸었다.

생명의 안전이 제일 중요하기에 배달 영업을 처음 해 보는 분들을 위해 시시콜콜하지만, 상세히 설명하려고 한다.

오토바이는 출장 수리업체를 찾아 수시로 점검해야 한다. 지역별로 배달 영업을 하는 매장을 중심으로 출장 수리를 전문으로 해 주는 업체가 있다. 매장에서 가까운 거리에 있는 배달 전문 매장에 찾아가 물으면 바로 연결해 줄 것이다.

나의 경우 부천의 형제오토바이 이경근 사장님이 너무나 친절하게 서비스를 해 줘 지금까지 가장 고마운 사람 중의 한 분이 되었다. 요청만 하면 오토바이에 관련된 모든 사항은 다 처리해 주었다.

또한, 바퀴 상태는 이상이 없는지 수시로 체크해야 한다. 정기적으로 방문해 엔진 오일 교환, 브레이크 점검, 전조등과 방향지시등 점검 등 필요한 조치를 해 주고 결제는 월말에 한 번에 해 드렸다.

반드시 촘촘히 잘 챙겨 주는 출장 수리 업체와 제휴하는 것이 안전에 있어서 최우선 과제이다.

오토바이는 차량과 똑같다. 항상 기능을 체크해야 한다. 운전하다 조금만 느낌이 이상하다 싶으면 바로 연락해서 조치를 받든가, 아니면 설명을 들어야 한다.

라이더의 안전 장구와 복장은 안전과 직결된다. 헬멧은 반드시 써야 한다. 바람막이 핸들 커버는 겨울용과 여름용이 따로 있다. 여름용은 부착하지 않아도 되지만 나는 꼭 핸들 커버를 부착했다. 특히 비가 올 때는 손에 비를 맞지 않아 좋다. 그리고 손등이 타지 않아 좋다.

배달 시에 휴대 전화를 이용해 지도를 보고 찾아가는 경우가 많기에 휴대 전화 거치대 역시 중요하다.

나는 뭐든 제대로 해 놓아야 안심하는 사람이라 배달 대행 업체에 물어 10만 원을 주고 그들이 달고 다니는 휴대 전화 거치대를 사서 부착했다. 안전하고 편리한 것도 있지만, 자동 충전이 되어 정말 좋다.

처음 배달 영업 매장을 오픈하는 분들은 이런 것들이 기본적으로 필요하니 참고하길 바란다.

⊙ 행복한 안전 운전 요령을 익히자

내 자랑 같지만, 승용차로 27년간 약 60만 ㎞를 주행하고, 오토바이로는 그 많은 배달을 하면서도 무사고 운전을 할 수 있었던 것은 몇 가지 원칙을 지켜서였다.

첫째, 자신의 오토바이 운전 실력만큼만 속도를 내어 달려야 한다.

둘째, 큰 도로는 가급적 피하고 늦어도 안전한 도로를 이용해야 한다. 도로가 넓으면 그만큼 차량 속도가 매우 빠르고 사고 위험성이 있기 때문이다. 그래서 시간이 더 걸려도 큰 도로는 이용하지 않았다. 안전이 우선이라는 생각을 항상 잊지 않았다.

셋째, 급해도 인도를 지름길로 이용하지 말아야 한다. 길이 아니면 가지 말고, 말이 아니면 듣지 말라는 말처럼 원칙을 지키면 된다. 오토바이는 차로 분류되기 때문에 차도를 이용하는 건 기본이다.

넷째, 한 번에 2건 이상 배달하는 것은 숙련된 후에 해야 한다. 매장을 운영하다 보면 한 번에 배달을 2건 이상을 하는 경우가 종종 발생한다. 피자 주문은 같은 시간에 주문이 몰려 들어오기 때문에 배달 방향이 같은 경우가 많고, 배달비도 절약할 수 있기 때문에 한 번에 여러 건을 배달하려고 한다. 그러나 2건을 가지고 배달을 나가면 자연히 마음이 급해져 사고로 이어질 수 있다.

⊙ 누가 보지 않아도 배달 매너를 지키자

회사 브랜드를 달고 배달을 하므로 배달 시에 매너를 지키지 않으면 사람들은 빨간모자피자를 욕한다.

이미지는 곧 매출로 연결된다고 생각한다. 그래서 나는 아파트 배달 시에도 나름대로 원칙을 정했다.

첫째, 아파트 장애인 표시가 있는 곳엔 오토바이를 세우지 말자.

둘째, 차가 지나다니기 불편하지 않게 오토바이를 세우자.

아파트 1층에 엘리베이터를 타고 나올 때 장애인 휠체어가 오가는 데 불편하지 않게 하자는 마음을 가지고 이를 실천해 왔다.

당연하고 기본적인 일이지만, 급한 마음에 빈자리를 보면 유혹이 생기기 마련이다.

누가 보든, 보지 않든 이렇게 하니 내 마음이 더 편안했다.

맛있는 피자는 이렇게

프랜차이즈 영업을 처음 하는 나는 같은 브랜드인데도 매장마다 피자 맛이 다른 것을 이해하기 어려웠다.

상동점을 6개월 정도 운영하고 난 후에야 그 이유를 조금 알 수 있었다. 똑같은 재료로 만들어도 왜 맛에서 차이가 날 수밖에 없는지 작은 깨달음을 얻었다.

'피자는 이렇게 만들어야 한다.'라는 방향에 초보적이지만, 눈이 뜨이기 시작한 것이다. 나는 깨달음을 얻을 때마다 직원들과 미팅하며 함께 더 맛있는 피자를 만들자고 얘기하곤 했다.

김치를 담을 때도 똑같은 재료로 만들어도 누구네 김치는 맛있는데, 누구네 김치는 싱겁고 각자 뭔가 아쉬운 점이 남는 것과 마찬가지다.

우리 속담에 "장모님 떡도 싸야 사 먹는다.", "보기 좋은 떡이 먹기도 좋다."라는 말도 있지 않은가. 그래서 내가 할 수 있는 최선을 다하고 매일 피자 한 판, 한 판에 정성을 들여 만들었다.

⊙ 빨간모자피자의 역사는 곧 이주남 고문님이다

이주남 고문님은 서울에서 태어나 경복고와 서강대를 나온 서울 토박이로, 현재 빨간모자피자의 주주이자 고문으로 계신다.

37년 전인 1983년에 신세계그룹에서 근무하다 사업에 꿈이 있어 퇴사하고 영등포에서 사업을 시작했다. 사업으로 적지 않은 돈을 버셨다고 한다. 그러던 차에 국민 건강에 기여하며 사회적으로 보람이 있는 사업을 하고자 마음먹었다. 그렇게 찾은 것이 건강식품인 피자였다.

건강한 피자에 있어서는 미국보다는 유럽, 그중에서도 이탈리아가 가장 앞선 기술을 가졌다고 판단했다. 그것이 이탈리안 방식의 피자 브랜드 '빨간모자피자'의 탄생이었다.

빨간모자피자는 우리나라 최장수 토종 피자 브랜드면서 유기농 도우를 최초로 개발한 브랜드이다. 2000년에는 고구마를 이용한 피자를 국내 최초로 개발했고, 2001년에는 단호박 피자를 최초로 개발하기도 했다.

초창기에는 전화 100통이 오면 30통 정도가 가맹점 문의였다고 한다. 그러나 갑자기 체인점이 확대되면 최고의 맛과 품질, 서비스를 유지할 수 없다고 판단해 서울 중심으로만 매장을 운영했다. 그 덕에 현재는 28년 전통의 서울 강남권 피자 맛집으로 통하게 되었다.

이주남 고문님은 현재 본사에서 근무하고 계시지만, 주 1회 이상 출근해 품질 관리와 피자 노하우를 가르쳐 주고 계신다.

⊙ 강남 피자 맛집 빨간모자피자에는 비법이 있다

빨간모자피자는 정통 이탈리안 방식의 피자다.

미국식 피자도 좋아하는 고객이 있겠지만, 이탈리안 방식의 피자는 현재 선진국 대열에 들어선 우리나라의 분위기에 맞는 웰빙 피자이다.

이탈리안 방식의 피자는 소스의 맛이 강하지 않고 부드러우며 토핑과 치즈로 맛을 내는데, 맛이 담백하고 부드러운 편이다. 프리미엄급 피자는 대부분 미국식 피자이거나 미국 브랜드를 사용한다.

그러나 정통 이탈리안 방식의 빨간모자피자는 남다른 비법을 가지고 있다.

첫째, 천일염과 올리브오일로 반죽한 퍼펙트 이탈리안 도우를 사용한다.

아마 촉촉하고 쫄깃한 도우 맛을 보면 지금까지 먹어 본 다른 피자와 다르다는 것을 느낄 수 있을 것이다. 이런 도우는 정말로 소화가 잘되어 더부룩함이 없다. 다른 회사는 도우를 대부분 대두유로 반죽하는 반면, 빨간모자피자는 올리브오일로 반죽해 소화도 잘되고 부드럽고 쫄깃하여 연령에 상관없이 누구나 좋아한다. 올리브오일은 소화제 기능을 한다. 유럽인들이 밀가루 음식을 먹을 때 올리브오일을 찍어 먹는 것도 같은 이유이다.

둘째, 덴마크산 모차렐라 치즈를 사용한다.

덴마크산 모차렐라 치즈는 기름기가 적고 담백하고 고소하며 우유 향이 난다. 오븐에 넣기 전에 생치즈 상태로 맛을 보면 확실한 차이를 느낄 수 있다. 미국산, 뉴질랜드산, 국내산과 직접 비교해 보라고 자신 있게 말할 수 있다.

셋째, 100% 이탈리아산 토마토로 만든 토마토소스를 사용한다.

이탈리안 방식의 피자는 소스를 적게 쓰고 소스가 자극적이지 않은 것이 특징이다. 반면에 미국식 피자는 소스를 아주 많이 쓴다고 보면 된다.

넷째, 주문 즉시 손으로 펴서 만드는 핸드메이드 피자이다.

주문이 들어오면 워크인에 라운딩된 도우를 가져다 즉석에서 펴서 피자를 수제로 만든다. 라운딩이란 반죽된 밀가루 도우를 주먹만한 크기로 둥글게 만드는 것을 말한다. 도우를 기계로 펴서 사용하는 프랜차이즈도 많다. 이런 경우엔 도우 끝에 엣지가 없고 맛도 손칼국수와 기계 국수처럼 차이가 난다고 이해하면 된다.

빨간모자피자는 냉동이 아닌 냉장 도우이다. 다른 회사는 냉동 도우를 해동해서 사용하는 곳이 많다. 자고로 음식은 손맛이다.

다섯째, 이탈리아풍 수제 피클을 사용한다.

무, 셀러리, 오이를 넣어 만드는 피클은 정말 차원이 다르다. 피클에 대해서는 추후에 다시 설명하기로 하고, 손님들에게 정말 인기가 많다는 것만 알아두면 좋다.

⊙ 도우는 피자의 맛을 좌우하는 가장 중요한 요소다

우리 빨간모자피자의 도우는 냉동이 아닌 냉장 상태로 매장에 배송된다.

게다가 둥글게 라운딩되어 오는 것이 아니라 커다란 덩어리째 패치로 배달된다. 오면 곧바로 워크인에 보관한다. 워크인은 보통 3℃ 정도로 유지한다.

도우는 3가지 종류가 있다.

둥근 빵을 만드는 이탈리안 도우와 얇은 씬 도우, 네모난 로만 도우가 있는데, 서로 재료 성질이 다르고 보존 기간도 다르므로 매우 신경 써서 관리해야 한다.

프랜차이즈 회사별로 본사에서 도우가 냉장으로 오는 곳이 있는가 하면, 냉동으로 와서 매장에서 해동 후 사용하는 곳도 많다.

보통은 우리처럼 큰 팩으로 온 도우를 매장에서 직접 라운딩하지 않고, 미리 둥글게 라운딩한 후 냉동으로 보낸 것을 매장에서 해동 후 사용한다.

도우를 펴는 방법도 우리처럼 손으로 펴는 곳이 있고, 기계로 펴는 곳이 있다.

게다가 로만 도우는 발효가 더 잘되어 이탈리안 도우보다 유통 기한이 더 짧다.

어린이부터 어르신까지 남녀노소가 모두 좋아하는 피자인 것도 바로 도우에 이러한 비밀이 숨어 있기 때문이다.

나도 일하다 힘들 때 이따금 도우만 구워 꿀에 찍어 먹었다. 어떤 제과점 빵보다도 더 맛있다고 느낄 정도로 나에겐 최고의 간식이었다.

한 번은 밀가루 알레르기가 있는 고객이 우리 피자를 여러 번 먹어도 알레르기 반응이 없다며 매장까지 음료수를 사 들고 찾아온 경우도 있었다.

아마 50대 중반 정도 되는 여자분이었던 것으로 기억한다. 너무 신기해 매장도 구경할 겸 포장해 가겠다는 것이었다. 그래서 우리는 올리브오일과 천일염을 넣어 반죽한다고 자세히 설명해 주고 올리브오일이 소화제 역할을 하기에 그런 것이라고 얘기해 주었다.

⊙ 모차렐라 치즈는 덴마크산 고품격 치즈를 사용한다

앞에서 지구상에는 약 400가지의 치즈가 있다고 말했다.

피자에 가장 많이 사용하는 치즈는 단연 모차렐라 치즈이다. 빨간모자피자의 경우 덴마크산 모차렐라 치즈를 사용한다.

미국산이나 뉴질랜드산 치즈, 국내산 임실치즈를 사용하는 곳도 있고 심지어는 인공으로 만든 치즈를 사용하는 곳도 있다고 한다.

빨간모자피자가 사용하는 덴마크산이 모차렐라 치즈 중에서는 최고의 품질이라고 자부한다. 지구상 최고의 낙농 국가인 덴마크이기 때문에 최고의 치즈를 만들 수 있다고 생각한다.

그래서 매장에 방문 포장을 오는 고객들에게 가끔 잠깐 짬을 내어 모차렐라 치즈를 한 줌 가져다주며 먹어 보라고 권한다. 물론, 반드시 일회용 장갑을 끼고 치즈를 건넸다.

고객은 멈칫하다가 생치즈를 그냥 먹어도 되느냐고 묻는다. 치즈는 원래 우리 김치처럼 발효 식품이라 문제가 전혀 없다고 안심시키고 내가 먼저 먹어 시범을 보였다. 그러자 손님도 따라서 먹는다. 씹어서 삼킬 때 고소한 우유 향이 나는지 느껴 보라고 하면, "정말 고소한데요."라고 대답한다.

우리 제품을 홍보하는 최고의 방법이었다.

또한, 나는 이것을 고객과 소통하는 최고의 수단으로 활용했다. 아마 이렇게 맛을 느끼고 나면 집에 가서 가족들에게도 얘기할 것이고, 주변 사람들에게도 빨간모자피자는 정말 좋은 치즈를 쓰는 가게라고 말할 것이라고 생각했다.

배달을 가면 "빨간모자피자는 정말 맛있고 고소해요."라고 하는 분이 많다. 그러면 나는 우리는 최고로 품질이 좋은 덴마크산 모차렐라 치즈를 사용하기 때문에 맛이 고소하고 담백하다고 대답한다.

⊙ 채소의 신선도가 피자의 맛을 좌우한다

앞에서 말한 바와 같이 피자는 뭐니 뭐니 해도 도우와 치즈가 가장 중요하다. 그러나 이에 못지않게 중요한 것이 채소이다.

매장 오픈 후 4주 정도는 채소를 회사에서 발주해 사용했다. 그 후엔 인천 부평에 있는 삼산농산물도매시장에서 직접 구입하면 된다는 것을 알았다.

그리고 채소동 327호 사장님을 소개받았다. 삼산농산물도매시장에서 제일 크게 가게를 운영하며 가게가 오래된 것은 물론이고, 단골도 가장 많은 집이었다.

하루 전날 카카오톡으로 주문량을 보내면 그다음 날에 준비해 놓아 매우 수월하게 물건을 가져올 수 있었다. 게다가 시간도 절약할 수 있었고, 무엇보다 믿고 거래할 수 있었다.

채소는 계절에 따라 가격이 결정되기도 하지만, 요일에 따라서도 값이 변한다. 금요일부터 월요일까지는 비싼 편이어서 나는 주로 수요일에 물건을 사러 갔다. 참고하면 좋을 듯하다.

채소를 종류별로 나눠서 설명하려고 한다.

방울토마토는 너무 커도, 너무 작아도 안 되고 둥근 모양에 네 조각을 내기에 좋아야 한다. 피자에 잘 어울리는 방울토마토는 크기가 작으면서 모양은 둥글고 씨의 양이 적어야 하는데, 요즘은 작은 것이 잘 나오지 않아 시장에 가도 구해 오지 못하는 경우도 있다.

양파는 계절에 상관없이 다루기 편한 중간 크기에 싱싱한 것이 좋나. 사실 가격은 크게 중요하게 여기지 않았다. 신선도만 좋으면 그만이었다. 그러나 겨울엔 얼어서 오는 것이 많아 신경을 쓸 수밖에 없었다.

피망의 경우, 파프리카와 거의 비슷하게 생겼다. 일반인이 보고 두 채소를 구별하기는 쉽지 않다. 그러나 피망이 파프리카보다 두께가 얇고, 수분량이 적으며 단단하다. 피자는 물기가 최대한 적어야 먹기 좋기 때문에 파프리카보다는 피망을 쓰는 것이 더 좋다. 나는 단 한 번도 파프리카를 쓰지 않았고, 작은 차이지만 그게 최선이라고 생각했다.

⊙ 피클의 차별화는 '신의 한 수'다

빨간모자피자의 피클은 이탈리아풍 수제 피클이다.

무, 셀러리, 오이를 넣어 만든다.

피클을 만들 때 3가지 재료를 사용하는 것부터 다른 회사와 다르고, 회사에서 공급하는 피클 용액에도 비법이 숨어 있다. 이것들이 어우러져 만들어진 작품이다.

피클 용기도 다른 회사와 비교해 2배 정도 크다. 여기에 맛도 좋으니 당연히 인기가 많을 수밖에 없다. 어떤 손님은 피클을 먹어 보고는 "다른 회사와 차별화한 것이 신의 한 수다."라는 말까지 했다.

무, 셀러리, 오이는 모두 직접 사다가 담았다.

특히 무를 깍두기 모양으로 자를 때는 크기가 매우 중요하다. 피클 용기에도 들어가면서 가로세로 모양이 일정한 크기로 나와야 한다. 세로는 1.5㎝ 정도, 가로로 누운 길이는 3.5~4.0㎝ 정도가 적당하다.

피클은 추가 주문하는 고객이 많기에 더 신경 써서 만들었다.

오이는 가격을 떠나 가늘고 긴 오이가 좋고, 가는 것은 씨가 없거나 적어야 제맛이 난다. 씨가 많으면 일찍 물러 아삭함이 없기에 이는 매우 중요하다.

다른 회사의 피클과 차별화가 되는 데다 재료를 직접 농산물 시장에서 사다가 담으니 추가 주문이 많았다. 그렇다 보니 신바람 나는 마음으로 내가 직접 담았다.

사이드 메뉴 중 하나인 피클도 피자와 같은 제품으로 생각하고 정성을 들였다고 생각한다. '다른 프랜차이즈와 차별화된 신의 한 수'라는 칭찬이 아직까지 마음속에 남아 있다.

⊙ 피자는 혼을 담아 만들어야 한다

빨간모자피자는 이탈리안 방식의 피자로 정말 담백한 피자이다. 빨간모자피자의 메뉴를 소개해 본다.

피자 메뉴

치즈 피자

가장 기본적인 피자이면서 단순한 피자이다.

먼저 도우를 펴고 그 위에 토마토소스를 바르고, 모차렐라 치즈를 뿌려 만든다. 단순하지만 담백한 맛을 느낄 수 있는 피자이다.

부드럽고 쫄깃한 도우의 맛과 토마토소스의 맛, 모차렐라 치즈의 맛을 쉽게 느낄 수 있는 피자여서 의외로 피자 마니아들이 좋아한다.

토핑 재료가 거의 없기 때문에 오븐에 구울 때 버블이 생기는 경우가 많아 구워지는 동안 버블이 생기지 않도록 신경 써야 한다.

모양이 예쁘게 나오도록 도우의 엣지도 신경을 더 쓰고, 치즈도 골고루 뿌려야 한다.

치즈 피자는 학원 같은 곳에서 단체 주문으로 많이 들어오기도 한다. 이유는 크게 두 가지인데, 가격이 저렴하고 어린이들에게 자극적이지 않아 무난하기 때문이다.

특히 좋은 품질의 모차렐라 치즈를 쓰는 빨간모자피자는 치즈를 별도로 추가해 먹으면 정말 맛있다.

원조고구마 피자

길을 가다 보면 원조 맛집이 많다. 서로 원조 맛집이라고도 하고, 자기들이 진짜 원조라고 홍보하는 맛집도 있다.

2000년에 고구마를 이용해 대한민국에서 최초로 피자를 만들어서 공급한 회사가 바로 빨간모자피자이다. 그리고 20년간 오랜 인기를 누리고 있는 원조고구마 피자는 빨간모자피자의 자부심이자 상징이다. 지금 다른 회사에서 판매되는 고구마 피자는 우리 피자를 모방해서 만들었다고 생각하면 된다.

사람이라면 누구나 자존심, 자부심을 가지고 있듯이 나는 원조고구마 피자에 자부심이 있다. 그래서 직원들에게 레시피를 철저히 준수해 최고의 맛을 유지하도록 교육했다.

원조고구마 피자는 자극적이지 않아 어린이부터 어르신까지 가족 모두가 좋아하는, 가장 폭넓게 인기가 있는 피자이다.

포테이토 피자

포테이토 피자는 말 그대로 감자를 이용해 만드는 피자이다.

감자는 원래 잉카인들이 주식으로 사용하던 알뿌리 채소다. 잉카인들은 높은 고산지에서 살기에 작물이 잘 자라지 않아 감자를 심었는데, 감자는 날씨나 기온과 크게 상관없이 잘 자라는 채소여서 고산 지대에 심었다고 한다. 강원도에서 감자를 많이 심는 것도 감자가 추운 지방에서도 잘 자라기 때문이다.

이런 감자를 이용해 맛있는 포테이토 피자를 만든다.

감자 16쪽을 놓고 감자 위에 베이컨을 놓은 다음, 모차렐라 치즈를 듬뿍 얹어 마요네즈를 두 바퀴 뿌려 준다.

매장에 오는 손님이나 배달을 받는 손님이 포테이토 피자가 맛있다고 하면 잉카인 얘기를 해 주곤 했다. 그러면 손님은 "아, 그렇군요."라고 하며 좋아했다.

리코타 씨푸드 피자

빨간모자피자에서 인기 있는 3대 메뉴에 들어가는 피자가 바로 리코타 씨푸드 피자이다.

리코타 씨푸드는 치즈와 해산물 채소가 어우러진 진정한 웰빙 피자이다.

여기서 해산물은 익혀서 먹어야 한다는 평범한 진리를 잊으면 안 된다. 여름철에 해산물을 날로 먹어 식중독이나 비브리오 패혈증에 걸리고 O157에 감염된 사람의 이야기는 뉴스에서 많이 접하는 소식이지만, 피자에 해산물을 넣어 고온으로 익혀 먹으면 아무 문제가 없다.

게다가 치즈도 발효 식품이라 안전하며, 오히려 해산물을 야채와 함께 먹으니 웰빙식이다. 삼면이 바다인 우리나라에서는 해산물이 식탁에 빠지지 않는다.

특히 리코타 씨푸드 피자에 들어가는 새우와 오징어는 인터넷에 검색만 해 봐도 성인병 예방 등 효능이 다양하다는 것을 알 수 있다. 최고의 웰빙 피자이자 안심하고 먹을 수 있는 해산물 피자인 리코타 씨푸드 피자를 많이 찾아 주길 바란다.

소고기로 만든 인기 피자 3가지

소고기가 들어간 피자는 불고기 피자, 폴 인 스테이크 피자, 갈릭 브레드 스테이크 피자 3가지이다.

불고기 피자는 어느 회사나 대부분 다 판매하는 피자이다. 식당에 가서 불고기 백반을 먹어도 불고기는 달달한 맛이 강하다. 불고기는 목심, 앞다릿살, 우둔살 부위를 사용한다. 피자도 마찬가지이다. 달달한 맛이 강한 피자라고 생각하면 된다.

폴 인 스테이크는 불고기 피자와 밑 소스도 다르고 두툼한 스테이크를 넣어 소고기 피자의 선택폭을 넓힌 피자이다. 소고기 스테이크는 주로 등심과 안심으로 만든다. 불고기 피자와는 밑 소스도 다르지만, 토핑 재료도 훨씬 다양하게 들어가 맛의 차이가 크다.

2019년에 출시된 갈릭브레드 스테이크 피자도 인기가 많다. 마늘 향이 나는 갈릭브레드와 소고기 스테이크가 어우러져 또 다른 맛을 낸다.

나는 소고기로 만든 3가지 피자를 자신 있게 권한다.

로만 피자

빨간모자피자는 재료와 모양에 있어서 이탈리안 도우와 다른 네모난 도우, 로만 도우로 피자를 만들어 선보였다.

먼저 로만 도우에 대해 설명하자면, 둥근 이탈리안 도우에 비해 수분 함량이 많아 더 부드럽다. 또한, 이탈리아 도우에 비해 이스트가 더 많이 들어가 발효가 잘된다. 그렇다 보니 보존 기간이 짧다는 단점도 있다.

로만 도우는 펴는 과정 역시 다르다. 이탈리안 도우는 손으로 둥글게 펴는 반면, 로만 도우는 롤러 펴서 네모난 모양을 만든다. 스크린도 네모난 쟁반에 올리브오일을 발라 만든다.

네모난 도우로 만든 로만 피자는 총 6종이 있다.

고구마가 들어간 로만 골드 피자부터 해산물이 들어간 로만 씨푸드 피자, 소고기가 들어간 로만 비프 피자, 다양한 토핑이 어우러진 로만 콤비 피자, 모차렐라 치즈로 만드는 로만 스위트 피자와 로만 화이트 피자까지. 로만 피자는 양이 많을 뿐 아니라 부드럽고 소화도 잘되어 이 메뉴만 찾는 단골이 있을 정도다. 어린이들은 네모난 피자가 신기해서 주문하는 경우도 많다.

기타 피자

위에서 설명한 피자 외에도 빨간모자피자에는 인기 있는 피자가 많다. 다 설명하면 지루할 것 같으니 간단히 설명해 본다.

슈퍼콤비네이션 피자

: 다양한 토핑이 들어간 대표적인 인기 메뉴로, 호불호가 거의 없는 피자이다.

고르곤졸라 피자

: 치즈 위에 고르곤졸라 치즈를 뿌려 독특한 향과 맛이 있고, 꿀에 찍어 먹는다.

베이컨 체다치즈 피자

: 체다 치즈와 베이컨을 놓아 맛과 비주얼이 매력적이다.

디아볼라 피자

: 원래 디아볼라는 '악마'라는 뜻을 가지고 있다. 그만큼 매콤한 피자의 대명사이다. 맥주와 같이 먹으면 잘 어울리는 피자이다.

마르게리따 피자

: 토마토소스 위에 후레쉬 모차렐라 치즈를 올리고 짭조름한 바질 소스를 뿌린 후 방울토마토로 비주얼을 살려 보기에도 매력적이며 마니아층이 두터운 피자이다.

슈퍼슈프림 피자와 하와이안 스페셜 피자

: 파인애플이 많이 들어가 어린이들이 좋아하는 피자이다.

페페로니 피자

: 정통 이탈리안 피자에서 빼놓을 수 없는 피자이다. 짭조름한 페페로니의 맛과 치즈의 맛을 느낄 수 있는 담백한 피자이다.

가든 스페셜

: 고기나 햄이 전혀 들어가 있지 않은 피자로, 성인병과 같이 음식을 가려 먹어야 하는 이들이 먹기 좋은 피자이다.

이렇게 피자에 관해 설명했다. 다시 한번 정리하면, 미국식 피자는 소스의 양이 많고 기름기가 많은 편이지만, 이탈리안 방식의 피자는 소스의 양이 적고 기름기가 적어 담백하다.

선진국 대열에 들어선 우리나라의 웰빙 피자, 28년 전통의 빨간모자피자를 자신 있게 권한다.

사이드 메뉴

피자 외의 다른 메뉴를 모두 사이드 메뉴라고 한다.

빨간모자피자의 사이드 메뉴에는 스파게티 5종, 치킨 3종과 함께 치즈감자볼, 브라우니가 있다. 치즈감자볼과 브라우니는 생략하고 스파게티와 치킨 3종류에 대해 설명하고자 한다.

먼저, 스파게티는 면이 가장 중요하다.

면은 삶는 기준이 있어서 그대로 하면 되지만, 면이 불지 않게 관리하고 필요할 때마다 삶아서 쓰는 것이 무엇보다도 중요하다. 면은 오래 두면 불기 마련이다. 그러면 맛에 쫄깃함이 없어진다.

그래서 나는 한나절 사용할 양을 삶아서 사용하고 저녁때 새로 삶아 쓰는 것을 원칙으로 했다. 그래서인지 스파게티는 정말 인기가 많았다.

소스의 양에 따라 맛이 달라지기 때문에, 항상 일정한 맛을 유지하기 위해 토핑을 전부 저울에 달아 사용했다.

정기적으로 스파게티만 사 가는 분도 있었고, 배달의민족 리뷰에는 스파게티 전문점보다도 더 맛있다는 글이 자주 올라와 기분도 좋았고, 실제로 스파게티가 들어간 세트 메뉴 주문이 많았다.

스파게티 메뉴는 총 5가지이다.

치즈 볼로네제 스파게티

: 볼로네제 소스에 모차렐라 치즈를 뿌려 만든다.

크림 스파게티

: 크림소스, 베이컨, 브로콜리. 양파를 넣어 만든다. 순하고 부드러운 스파게티이다.

토마토 스파게티

: 토마토소스, 브로콜리, 양파가 들어간다.

씨푸드 스파게티

: 토마토소스, 구운 마늘, 토마토, 올리브, 새우, 오징어를 넣어 맛도 양도 최고다.

리코타 미트볼 스파게티

: 토마토소스, 구운 마늘, 올리브, 미트볼포크, 리코타 치즈를 넣어 비주얼과 맛을 같이 즐길 수 있다.

세트 메뉴

빨간모자피자는 인기 있는 피자, 스파게티, 수제 코울슬로, 콜라 총 4가지를 묶어 세트 메뉴로 판매한다.

따로 구입하는 것보다 가격을 저렴하게 책정해 고객은 할인된 가격으로 먹을 수 있고, 매장 입장에서는 객단가를 높여 매출을 증대할 수 있는 '윈윈 전략'이 가능하다.

세트 메뉴라도 이탈리안 도우와 씬 도우 모두 선택이 가능하도록 했다. 피자 크기도 라지(L)와 레귤러(R) 중에서 선택할 수 있다. 한 가지 피자라도 크기와 도우에 따라 4가지 형태로 선택이 가능하고, 스파게티도 5종으로 정말 선택의 폭이 넓다.

먼저 피자를 선택하고 난 다음, 도우를 이탈리안 도우로 할지, 씬 도우로 할지 선택한다. 피자를 선택한 다음에는 스파게티 5종 중에서 하나를 선택하면 된다. 그리고 코울슬로와 콜라가 함께 나간다.

가격을 비교해 보면 메뉴 각각을 주문하는 것보다 훨씬 저렴하다. 피자와 다양한 사이드 메뉴를 최고의 가성비로 먹으려면 반드시 세트 메뉴로 주문해야 한다.

상동점의 경우, 세트 메뉴 판매 비중이 높아 전체 주문량의 30~40%가 세트 메뉴였다.

세트 메뉴 주문이 많은 이유는 첫 번째로 배달의민족 앱에서 상동점만 메뉴 배치 우선순위를 다르게 설정했기 때문이다. 세트 메뉴와 패밀리 세트를 위에 배치하고 그다음에 인기 피자 순으로 배치했다.

배달의민족이 매장별로 메뉴 순서 배치를 요청에 따라서 변경해 준다는 장점을 활용했다. 그 덕분에 세트 메뉴 판매가 많아 객단가도 다른 매장, 아니 회사 평균보다 1,000원 정도 높았다.

세트 메뉴 주문이 많은 두 번째 이유는 피자, 스파게티, 코울슬로를 먹어 본 고객이라면 우리 매장의 품질 우수성을 이미 알고 있기 때문이다. 이는 스파게티와 코울슬로의 맛을 늘 신선하게 유지하려고 노력한 결과라 생각한다.

이 책을 읽는 분들도 매출 증가와 객단가 향상을 위해 이와 같은 노력을 해 보길 바란다.

상동점만의 메뉴, 패밀리 세트

상동점 세트 메뉴의 판매가 탄력을 받아 자신감을 얻어 피자, 치킨, 양념반달감자(혹은 치즈감자볼), 콜라를 묶어 패밀리 세트로 이름을 붙여 배달의민족 상동점에 추가했다.

기존 세트 메뉴는 스파게티와 코울슬로가 포인트라면, 패밀리 세트는 치킨과 함께 간식거리인 양념반달감자가 들어가 가족이 함께 주말에 다양하게 먹을 수 있는 메뉴로 구성했다.

나름대로 패밀리 세트의 인기 요인을 짚어 보면, 2가지 세트 메뉴 운영으로 고객 선택의 폭이 넓어졌다는 점과 스파게티 대신 치킨을 제공해 가족 모두 즐길 수 있다는 점이 있다.

매장 입장에서는 추가 발주 없이 있는 재료를 사용하여 상품화했기에 리스크가 없고, 오히려 객단가는 스파게티가 포함된 세트 메뉴보다 높아 일거양득의 효과를 거둘 수 있다.

한 주에 대략 15건 이상, 한 달로 따지면 60건 이상의 주문이 들어왔다. 60건 이상이면 매출로는 200만 원 정도이기 때문에 보너스로 얻는 매출 치고는 나름 양호한 실적이었다.

⊙ 단체 주문이 들어오면 대표가 배달한다

단체 주문은 매장 매출에 정말 중요한 부분을 차지한다. 그래서 한 번 단체 주문이 들어오면 정기적으로 들어올 가능성이 크기 때문에 각별히 몇 가지 사항을 더 신경 써야 한다.

첫째, 시간을 정확히 맞춰서 배달해야 한다.

둘째, 식지 않고 맛있게 도착해야 한다.

셋째, 할인과 서비스에 신경 써야 한다.

넷째, 주문한 키 맨(Key Man)을 신경 써야 한다.

위 4가지 사항을 예를 들어 설명해 본다.

여기서 중요한 점은 단체 주문이 들어오면 재료가 충분한지를 먼저 판단하고, 충분하지 않다면 재료부터 준비해 놓아야 한다는 것이다.

점장이 리더가 되어 A 주임은 무엇을 준비하고, B 주임은 무엇을 준비하고, 나는 무엇을 준비하겠다고 미리 정해 두어야 한다.

피자를 만들 때는 셀 방식으로 나누어 분업하는 것이 좋다. 한 사람은 빵을 펴고, 한 사람은 토핑하면 된다. 힘들면 서로 교대하면서 임무를 수행하는 것도 좋다.

피자가 거의 만들어지면 한 사람은 음료수, 피클 등 사이드 메뉴를 미리 준비하고 한 사람은 오븐에 피자를 굽기 시작한다.

마지막 한 사람은 나머지 피자를 계속 만들어야 한다. 피자를 미리 만들어서는 안 되고, 식지 않게 가기 위해 가온기에 데워 놓거나 보온 가방에 넣어 두는 방법 둘 다 가능하다. 처음 나온 피자와 마지막에 나온 피자와의 시간 차이를 줄이는 방법밖에 없다.

5판 이상 단체 주문이 들어오면 한 판당 10% 할인을 하기보다는 한 판당 무조건 3,000원 할인해 주고 콜라를 서비스로 주었다. 그러면 콜라까지 합치면 5,000원 할인이 되어 주문한 사람도 많이 할인받았다는 느낌을 받는다. 다음을 위해 할인해 주는 셈이다.

마지막으로 키 맨 관리는 매우 중요하다.

나도 예전에 회사에 다닐 때 간식 주문은 팀장이나 지점장이나 관리자가 직접 하는 경우보다는 스태프를 통해 주문하는 경우가 많았다.

그래서 그때의 기억을 더듬어 전화한 사람이나 주문한 사람을 찾아 인사를 했다. 브라우니를 가져다주거나 할인 쿠폰, 무료 쿠폰을 주고는 했다. 갈 때마다 줄 수는 없어 3번 주문하면 한 번씩 꼭 서비스를 주곤 했다. 물론 매우 좋아했다.

이렇게 단체 주문은 평균 매출에 덤으로 생기는 보너스 매출이다.

만약 1주일에 한 건씩 단체 주문이 들어오면 그 즐거움이 매주 있으니 1년이 얼마나 신날지 생각하면 그 중요성은 더 이상 말할 필요도 없다.

단체 주문 시에는 피자를 만들어서 배달하는 것은 물론이고 이후 관리까지 대표가 직접 하는 것이 최고의 서비스이다.

배달도 또 하나의 중요한 품질

배달 앱 1위 업체인 배달의민족의 한 해 주문 건수가 2016년에는 750만 건이었던 것이 2018년에는 2,700만 건으로 2년 만에 약 3.6배 성장했다고 한다.

한번 상상해 보자. 2년 만에 3.6배 성장하면 이와 관련된 전산 업체의 성장과 오토바이 수요량에 따른 보험, 유류비 등 엄청난 부가효과가 더불어 창출될 것이다.

세계적으로도 무인 배송이니, 드론 배송이니 하는 말이 나오고 있고, 우리나라만 해도 쿠팡이 로켓배송을 앞세워 매출이 몇조 원을 돌파했다는 뉴스가 나온다.

배달 대행 업체 오투오시스에 따르면 배달 대행의 평균 배달 시간은 24분으로 나타났다고 한다. 배달 대행 업체에서 일하는 사람들은 시간이 곧 돈이기 때문에 신호를 무시하고 달리는 등 위험성도 많지만, 실제로 뜨는 직업이라는 사실도 알아 두었으면 한다.

배달업에 종사하는 사람을 우리는 통상 라이더(Rider)라고 부른다. 라이더는 다들 알겠지만 '타는 사람'이라는 사전적 의미를 가지고 있다.

요식업 중에서도 피자 매장에서는 깨끗한 매장 상태, 맛있는 피자, 친절한 인사, 전화 응대 못지않게 중요한 것이 배달이라고 생각한다.

배달은 자고로 맛있게 만든 음식을 원하는 시간에 맞춰 가고, 따뜻한 상태로 전달하고, 웃으며 전달하면 된다. 이 삼박자가 맞아야 최고의 서비스, 최고의 맛집이 된다.

피자를 고객에게 배달하는 방법은 매장에서 대표나 직원이 배달하는 방법과 배달 대행을 이용하는 방법의 두 가지가 있다.

둘 다 장단점이 있으나 높은 인건비와 인력 운용의 효율성 때문에 배달 대행을 이용하는 경우가 많다.

나도 처음 4개월간은 배달 대행을 이용하지 않았다. 가장 효율적인 것은 매장 내 배달 인력이 상주하는 것이지만, 바쁜 시간이거나 배달에 문제가 생기면 배달 대행을 써야 할 상황이 반드시 발생한다. 그래서 가능하면 배달 대행 제휴도 필요하다.

그렇다고 해서 전부 배달 대행만 이용하면 비용면에서 비효율적이고 서비스에도 문제가 있으니 적절한 조화가 필요하다.

⊙ 배달 인력 안배가 서비스를 좌우한다

매장 오픈 초기엔 배달 대행을 이용하는 방법과 비용 등 기본적인 지식이 없어 모든 건을 직원을 채용해 배달했다. 그래서 초기에 인건비가 많이 들어갔다. 소위 얘기하는 수업료를 많이 낸 것이다.

원래 퀵서비스가 먼저 생겼지만, 갑자기 배달 앱 시장이 커지면서 음식을 배달하는 배달 대행 서비스가 최근 몇 년간 급속도로 팽창했다.

지난 몇 년 사이에 온라인과 오프라인이 연결된 이른바 'O2O(Online to Offline)' 산업이 발달하면서 음식 배달, 택시 호출, 자전거 대여, 용역 의뢰, 헌 물건 수거까지 온라인으로 해결할 수 있게 되었다.

이제 스마트폰만 있으면 현 장소에서 즉시 택시를 호출하거나 원하는 음식을 바로 주문할 수 있고, 자전거를 빌려 탈 수도 있다.

만약에 배달을 많이 하는 요식업을 하려고 생각한다면 예전에는 매장 위치를 잘 고르고 사람을 잘 채용하는 게 중요했다.

그러나 지금은 인건비의 효율성을 감안하여 세팅된 인원으로 배달을 소화할 수 있는지, 아니면 배달 대행을 써야 하는지를 꼼꼼히 따져 봐야 한다. 그리고 그 지역에서 신뢰가 높은 배달 업체가 어딘지 수소문해서 계약을 체결해야 한다.

매장 오픈 당시 직원을 성급하게 모집한 탓에 매장에 있는 2명은 오토바이를 타지 않아도 된다고 면담하고 채용을 했다. 그러니 배달은 나와 라이더로 채용한 1명이 담당할 수밖에 없었다.

처음 4개월간은 월 판매 건수가 700건 내외에 배달 건수가 대략 50% 정도를 차지했으니 350건 정도 배달했다. 내가 150건 정도 배달하고, 라이더인 김 주임은 200건 정도 배달했다.

여기서 중요한 것은 김 주임의 월급이 200만 원이 넘으니 배달 1건당 비용이 1만 원이 넘었다는 것이다. 처음부터 배달 대행을 이용했으면 한 달에 100만 원 미만으로 해결할 수 있는 것을 200만 원을 넘게 주었던 것이다.

말 그대로 처음 하는 일이라 제대로 수업료를 낸 셈이다.

김 주임도 그걸 아는지 무엇이든 도와주려고 하고 어떤 때는 나와 같이 전단지를 돌리고는 했다. 그러나 일단 라이더는 매장 일은 안 하고 배달만 하기로 되어 있었기 때문에 주문이 없으면 정말 비효율적이었다.

퇴직 후 받은 퇴직금과 명퇴금이 어느 정도 여유가 있어 금전적으로 크게 부담이 되지는 않아 효율성만으로 사람을 자르지는 않았다. 그렇게 9개월의 근무를 마치고 김 주임은 원하는 진로를 택해 우리 가게를 떠났다.

2018년 2분기가 되어서는 주문량도 많이 늘고 자연스럽게 배달 건수도 500건대 이상으로 늘어났다. 나도 2018년 6월경에는 오토바이도 꽤 능숙하게 몰게 되었다.

나와 2명의 주임이 배달을 할 수가 있어 2명은 매장 일을 하고, 2명은 배달을 했다. 부족한 배달은 배달 대행을 이용하면 충분했다.

이렇게 운영하면 인건비 효율성을 최고 수준으로 올릴 수 있다.

2019년 7월의 경우를 설명하면 배달 대행의 필요성을 더욱 쉽게 이해할 수 있다.

<2019년 7월 배달 건수>

구분	배달 건수(방문 포장 제외)				
	대표	A 주임	B 주임	배달 대행	계
건수	435건	115건	109건	240건	899건

배달 대행 1건당 평균 비용이 3,500원 정도다. 배달 대행을 이용한 240건을 금액으로 계산하면 약 84만 원이 된다.

그러나 이 240건 때문에 라이더를 채용하게 되면 월 200만 원 이상의 급여가 들어간다. 거기에 식사비, 유류비 등을 감안하면 230만 원이 들어간다.

그러니 대행을 이용하면 146만 원의 절감 효과가 있는 것이다. 게다가 라이더를 채용해도 주문이 순식간에 몰리면 부득이하게 배달 대행을 써야 하는 상황이 일어난다.

물론 배달 대행을 이용하면 인건비 절감의 효과가 있는 대신, 반대로 배달 서비스에 질적인 문제가 발생할 수 있다.

배달 대행은 빨리 배달을 가야 돈이 되고 다른 매장의 물건까지 여러 개의 물건을 가지고 가기 때문에 매장 직원이 배달하는 경우보다 민원이 발생하는 경우가 많다.

제일 많은 고객 불만은 음식이 먹지 못할 정도로 찌그러져 왔다는 것이다. 그 외에도 "음식이 너무 식어서 왔다.", "늦게 왔다." 등의 불만이 종종 생긴다.

그리고 배달할 때는 헬멧을 쓴 채로 배달하는 경우가 대부분이어서 고객에게 주인이 직접 배달하는 경우와는 차이가 크다.

⦿ 배달 품질 관리, 이렇게 한다

첫째, 상동점은 전기 충전 가방을 이용했다.

2018년 1월, 매섭게 추운 날이 많았던 겨울에 15만 원을 주고 1시간 동안 온도 80℃가 유지되는 전기 충전식 가방을 구입했다.

아무리 잘 만들어도 식으면 맛이 떨어지는 것이 피자이다.

가방 구입 후 사계절 내내 충전식 가방을 사용했다. 효과는 만점, 아니 그 이상이었다.

피자를 충전식 가방에 넣어서 가지고 가면 받으면서 "앗, 뜨거워." 라고 하는 분이 정말 많았다. 그러나 뜨겁다고 하면서 지었던 표정은 아주 흐뭇한 표정이었다.

그래서 나와 직원들은 배달할 때 반드시 충전식 가방을 사용했다.

그리고 도착해서는 반드시 헬멧을 벗고 전달했다. 기본적으로 음식은 눈을 마주치고 웃으면서 전달해야 한다고 생각했다. 그래야 나도 마음이 편해서 처음부터 그렇게 했다. 오토바이 헬멧을 쓸 때는 항상 모자를 쓰고 그 위에 헬멧을 써서 크게 불편하지 않았다.

어린이든, 어르신이든 모두 두 손으로 드리며 "맛있게 드세요."라고 인사했다.

고객이 피자를 받고 들어갈 때 아파트 문 밑에 있는 닫힘 방지용 지렛대를 들어 올려 주면 정말 고마워했다. 피자와 음료수를 들고 아파트 문을 잠그려면 발로 들어 올리든가 피자를 두고 와서 잠가야 하는 불편함을 알기에 살짝 거들어 주었을 뿐이다.

그때 어떤 분은 "이런 것도 도와주시네요."라고 하며 씩 웃기도 했다.

그 사람보다 내가 마음이 더 편할 때가 많다. 작은 일이지만 내 마음이 편하면 그보다 더 큰 행복이 어디 있겠나 하는 생각을 했다. 그러고 돌아와서 직원들에게 내가 한 행동을 설명하며 너희들도 전달할 때는 모자를 벗고, 꼭 "맛있게 드세요."라고 인사하고, 문 지렛대를 들어 주라고 교육했다.

내가 생각에는 직원들이 일이 바쁘거나 밖에 비가 오면 대충하고, 배달에 여유가 있으면 내가 시킨 대로 하는 것 같았다.

한 번은 금강마을에 가서 벨을 누르고 문을 두드려도 사람이 없어서 전화했더니 10분 후에 집에 도착할 수 있다고 했다. 날씨가 엄청 추운데 피자를 문 앞에 놓고 가라는 것이다.

도저히 발걸음이 떨어지질 않았다. 기다릴 테니 오라고 했다. 그런데 그날따라 주문이 폭주하는 상황이었다. 그 사람은 나중에 도착해서 몹시 미안해했다. 아마 그 사람은 우리 가게 단골이 되었을 거라 확신한다.

그리고 배달 시에는 반드시 주문 내역서를 주었고, 현장 결제 시에는 영수증을 전해 주었다.

인간관계는 곧 신뢰가 바탕이다. 주문한 내역서를 주어야 이상이 없는지도 확인할 수도 있고 영수증으로 결제 금액을 확인할 수 있어야 한다고 판단해 꼭 챙겨 주었다.

어떻게 보면 교과적이라고 할 수 있지만, 항상 기본에 충실한 것이 왕도이다.

⊙ 배달 시 건네는 짧은 한마디가 서비스다

고객들은 피자를 주며 한 마디를 건네면 매우 좋아한다.

예를 들어 원조고구마 피자를 배달할 때는 "자주 주문해 주셔서 고구마 무스를 많이 넣었습니다.", 리코타 씨푸드 피자는 "해산물이 많이 들어 있는데, 고온에 익혀 안전하게 드실 수 있습니다.", 고르곤졸라 피자를 주문한 고객에게는 "호두 많이 뿌렸어요. 어린이나 면역력이 약한 사람은 설사할 수 있으니 참고하세요.", 치즈 피자를 주문한 고객에게는 "덴마크산 모차렐라 치즈라 정말 맛이 담백합니다.", 리뷰 이벤트로 브라우니를 요청하면 "디저트로 커피와 드시면 맛있어요.", 단골에게는 "콜라 서비스로 가져왔습니다."라고 얘기해 주면 매우 좋아한다.

서비스를 줄 때는 무엇을 서비스해 주었는지 꼭 얘기해야 한다. 그냥 배달하고 오면 무엇을 서비스로 주었는지 모르고 당연히 올 것이 왔다고 생각하고 끝나 버린다. 그럼 주고도 아무 의미 없는 일을 한 것이 되어 버린다.

거기에다 덤으로 설명까지 해 주니 친절하게 배달해 주었다고 고마움까지 표시한다. 말 그대로 일거양득인 셈이다.

⊙ 주인인 대표의 배달은 배달 품질이 다르다

23개월간 내가 배달한 건수는 약 7,500건으로 전체의 44%를 차지했다.

〈23개월간의 배달 건수 분포도〉

구분	배달 건수			
	대표	직원	배달 대행	계
건수	7,500건	3,500건	6,000건	17,000건

배달 분포를 보면 내가 7,500건(44%), 직원이 3,500건(20%), 배달 대행이 6,000건(36%)이었다.

배달 대행 점유비가 36%로 적은 것은 비용 절감과 질 좋은 서비스를 위해 내가 최선을 다해 뛰었고, 직원들에게도 건당 1,500원의 배달 성과급이 있었기 때문이다.

성과급을 통해 직원들을 능동적으로 일하게 하고 서비스 품질도 높이는 효과를 노린 것이다. 성과급으로 매월 1인당 15만 원에서 25만 원 정도 급여를 더 지급했다.

직원이 배달한 3,500건에 대해서는 내 입장에서는 배달 대행을 이용한 것보다 700만 원 정도의 비용 절감 효과가 있었고, 직원들 입장에서는 525만 원의 성과급을 더 받은 것이다.

배달 대행보다 직원들이 배달하는 것이 서비스가 좋았고 나도 안심하고 배달을 시킬 수 있었다.

나의 주관적 평가이긴 하나, 서비스 품질은 대표인 내가 배달한 것이 최고였고, 다음은 직원이었다. 배달 대행을 이용한 배달이 서비스 품질이 제일 떨어졌다.

배달 대행의 서비스 품질이 떨어지는 것은 고객들로부터 불만이나 민원이 제일 많은 데다, 도착하지 않았다고 전화가 오는 경우도 많았기 때문에 나도 쉽게 알 수 있었다.

대표나 직원이 배달하는 경우는 접수 후 모두 40분 이내에 배달을 마쳤다. 내가 배달한 후 문제가 생긴 적은 정말 단 한 건도 없었다.

⦿ 배달 대행 업체를 잘 골라야 한다

배달 대행 업체와 제휴를 맺으면 먼저 계약서를 작성하고 우리 매장 전산상에 배달 대행 업체 프로그램을 설치하고, 업체 측에서 이 프로그램의 사용 방법을 가르쳐 준다.

먼저 현금을 충전하고 배달 요청을 입력하면 배달이 끝나면 건당 배달료가 자동으로 빠져나가는 방식이다. 회사마다 전산 프로그램만 약간 다를 뿐, 업무 프로세스는 내부분 똑같다.

지금부터 내가 경험한 4개 회사에 대한 설명을 보면 배달 대행 업체를 고르는 데 도움이 될 것이다.

매장을 오픈하고 얼마 되지 않아 A 배달 대행 업체가 찾아왔다. 경험이 없어 아무런 정보 없이 어떤 회사인지도 모르고 제휴를 했다.

그런데 이 업체는 매일 늦게 오는 등 엉망이었다. 그러더니 얼마 안 되어 폐업했다.

두 번째로 B 배달 대행 업체를 소개받았다.

상동 지사에서 대표님이 왔다. 배달 대행 업체는 가까운 곳에 지사 사무실이 있었다. 한 6개월 정도 이용했는데, 배달을 잘 잡아 주었다.

한참 이용하다 보니 아쉬운 점이 나타났다.

피자 가방도 없이 오는 사람이 90%였고, 피자 가방을 가져오는 사람은 몇 명밖에 없었다. 전부 가방을 가져오게 해 달라고 대표님께 요청했더니 배짱에 가까운 태도로 그렇게 하기는 어렵다고 했다.

그래도 아쉬운 터라 불만이 있어도 그냥 이용했다. 이후 부평구 일부 지역에 배달해 달라고 요청했더니 그렇게 못한다고 했다.

이런 점이 바쁠 때는 많이 아쉽고 불편했다

그러던 차에 2018년 12월, 주문이 폭주해 배달 대행에 500건이 넘는 배달 요청을 하자 전부 소화하기 어려우니 다른 대행 업체를 알아보라고 했다.

그래서 배달 대행 업체 3곳을 면담했다.

이젠 18개월 정도 매장 운영을 해 온 터라 배달 대행 시스템도 알고 있어 몇 가지 원칙을 가지고 면담했다. 면담 끝에 한 곳을 선정했다. 그곳이 지금까지 이용하는 '띵동' 배달 대행 업체이다.

'띵동'의 이권호 지사장님은 아주 젊은 분으로, 성실히 일하는 모습이 정말 보기 좋았다.

두 번째로 가입한 곳의 계약 조건은 매월 기본 가입비 15만 원을 별도로 납입하고 배달 대행료도 납입하는 시스템이었다.

그러나 '띵동'은 가입비가 10만 원인 데다 1건 이용 시 500원씩 차감되어 월 200건 정도 이용하면 월 가입비를 내지 않아도 됐다.

게다가 요구 조건도 흔쾌히 들어주었다.

첫 번째 조건은 배달원 전원이 피자 가방을 가져오는 것이었다. 대부분 가져왔지만, 이따금 가져오지 않는 사람에게는 다음에 꼭 가져와 달라고 부탁하고 우리 가방을 주며 지나갈 때 다시 가져다 달라고 했다. 시간이 지나자 전원이 가방을 가져왔다.

두 번째 조건은 부평 지역 배달을 해 달라는 것이었다. 이 요청도 흔쾌히 들어주었다.

그래서 두 가지 어려운 문제를 다 해결했다

그런데 무엇이든 100%는 없나 보다. 아쉬운 것은 인원이 약간 적어 원하는 시간보다 이따금 초과되었다는 것이다.

그래서 이 부분은 스스로 방법을 찾았다.

어떻게 할지 곰곰이 생각한 끝에 배달 대행 업체 직원을 고객이라고 생각하고 대하자고 마음먹었다.

일찍 와서 기다리는 분에게는 음료수나 브라우니를 주고, 비가 오는 날엔 박카스를 사다 주기도 하고, 이따금 지사에는 피자도 보내주었다. 부평에 늦은 시간에 먼 곳을 가는 사람에겐 사이드 메뉴를 선물로 주며 우리의 협력자를 확보했다. 이렇게 하다 보니 바빠도 우리 요청을 잡아 주는 협력자가 생겨 크게 도움을 받았다.

여기서 무엇보다 중요한 것은 우리가 요청한 배달 시간 내에 피자가 나와 배달 대행이 기다리지 않게 해 주는 것이다.

이들은 배달을 잡은 한 곳에서 엉키면 다음 곳의 음식이 식는 건 물론이고 주인과도 불편해지기 때문에 배달 대행을 부른 피자는 무조건 시간 내에 만들어서 나오게 해야 한다.

이 내용이 배달 대행을 선정할 때 참고가 되었으면 한다.

⦿ 배달 대행이 배달하기 쉽도록 포장해 주어야 한다

한 집에 배달을 갈 때는 피자 가방에 넣어 주고 음료수를 주고 "잘 부탁합니다."라고 하면 되지만, 한 번에 여러 개를 배달할 때는 혼란이 생기지 않게 잘 챙겨 주어야 한다.

잘못해서 배달 사고가 나면 하루 일이 꼬여 버린다. 피자 재료 낭비보다도 시간 낭비로 인한 스트레스가 쌓이니 최대한 실수하지 않게 잘 챙겨 줘야 내가 편안하다.

먼저 배달하는 것은 비닐에 포장해 주거나 비닐에 영수증을 붙여 준다. 다음에 배달하는 것은 피자 가방에 넣어야 식지 않는다. 주의 사항은 확실하게 다시 한번 확인하고 배달 요청을 한다.

이렇게 챙기니 우리 매장에서는 거의 배달 사고가 나지 않다.

직원들에게도 항상 얘기하며 크로스로 체크하라고 했다. 이를 습관처럼 실천했다.

특히 주의해야 할 점은 앱 주문 시 메모란의 요청 사항을 잘 읽는 것이다. 여기에는 다양한 요청 사항이 있는데, 배달 대행에게 꼭 알려 주어야 한다.

잘못하면 그 불만의 책임은 배달 대행 책임이 아니라 매장의 책임이 된다.

예를 들면 "아이가 자고 있으니 벨을 누르지 마시고 문 두드려 주세요."와 같은 내용이 제일 많다. 그 외에도 "개가 짖으니 노크 살짝 2번만 해 주세요.", "문 앞에 놓고 문자(전화) 주세요."와 같은 요청이 있다.

그중에서도 "문 앞에 놓고 벨도 누르지 말고 가 주세요."라는 내용의 요청이 가장 황당하다. 나는 이럴 때면 이렇게 문자를 남겼다. "빨간모자피자 상동점입니다. 문 앞에 피자 놓고 갑니다. 맛있게 드세요." 여기에 "걱정이 되어 문자 드립니다."라고 메시지를 남기면 대부분 답장이 온다.

사실 문 앞에 놓고 올 때는 걱정이 많이 된다.

⊙ 배달하면서 만난 부천의 고객은 모두가 천사였다

배달 서비스에는 고객과 배달자 사이의 묘한 간극이 있다.

요즘 같은 세상에 집 문을 열어 준다는 것은 상호 간에 신뢰가 존재해야 하는데, 모르는 사람과 신뢰가 있기란 쉬운 일이 아니다.

그래도 배달업이 급속도로 성장하는 상황에서 배달자와 고객 간의 신뢰 문제는 피자의 품질 이상으로 중요한 서비스 품질 문제다.

배달에서 최고의 서비스는 주문 접수 시 약속한 시간 내에 따뜻하게 배달하고, 배달 시에는 반갑게 전달해 주는 것이라고 생각한다.

그러나 배달을 품질로 생각하며 운영하기는 쉽지 않은 상황이다. 자영업자는 인건비, 임대료, 로열티, 세금 등 4가지 부담이 있는 상황에서 나머지 3가지는 금액이 이미 확정된 것이나 다름 없으므로 결국은 인건비를 줄일 수밖에 없다.

그래서 배달 인력을 줄일 수밖에 없고, 배달을 주인이 하지 않으면 안 된다.

이 말이 100% 정답은 아니지만, 주인이 직접 배달하는 경우, 다음으로 직원이 배달하는 경우, 마지막으로 배달 대행을 통해서 배달하는 경우에 서비스 차이가 있다.

배달 대행을 통해서 배달하는 경우에는 여러 개를 한꺼번에 가져가다 보니 늦어서 식고, 어떤 때는 너무 빨리 달려 찌그러지기도 한다.

결제 형태는 앱을 통해 선결제한 고객, 아니면 후결제로 카드나 현금을 선택한 고객으로 나뉘므로 그 상황에 맞춰 준비해 가면 된다.

전화 주문 시 전화 받은 접수자가 가진 현금이 만 원권인지, 5만 원권인지 확인하면 편리하다. 나는 편의상 100원 미만은 절사하여 받지 않았다. 그것도 작은 서비스다. 어떤 때는 웃으면서 "60원 깎아 드릴게요."라고 얘기하기도 한다.

앱을 통한 선결제가 요즘은 대세다. 서로 편리하기 때문에 젊은이들은 많이 이용해 이용 빈도가 급속히 늘어나고 있다.

배달하러 가서 서로 번거롭게 계산하지 않아도 되고, 배달하는 나도 계산기나 현금을 가지고 가지 않아도 된다. 서로 시간을 절약한다는 장점도 있다.

배달 앱을 통한 선결제는 특히 여성들에게는 안심 장치 중의 하나이기도 하다. 특히 문 앞에 놔두고 벨만 누르고 가달라는 메모가 많은 편이다. 벨을 누르고 돌아서 올 때는 맘이 편치 않다.

그래서 꼭 문자를 보냈다. 피자는 식으면 안 되기에 문자 내용을 미리 작성해서 출발하고, 문 앞에 놓고 벨을 누르고 돌아서면서 바로 문자를 보낸다.

"빨간모자피자 상동점입니다. 피자 문 앞에 놓고 갑니다. 맛있게 드세요. 받으면 문자 부탁해요."라고 메시지를 보내고 바로 "감사합니다. 잘 먹겠습니다."라고 답장이 오면 마음이 편해진다.

이렇게 문 앞에 놓고 가라고 하는 것은 요즘 시대가 만든 마음의 장벽인 것 같다. 남자들이 스토커 행세를 한다든가 성범죄가 일어나는 경우가 많아 문을 열고 배달을 받으면 부담을 느끼는 사람들이 많은 것 같다.

어떤 분은 "문 앞에 놓고 문자 주세요."라고 한다. 이런 요청은 집 안에 애완견이 짖어서 그런 경우도 있고, 아이가 자고 있어서 그런 경우도 있다.

벨을 누르지 말고 문을 똑똑 두드려 달라는 스티커가 문 앞에 붙은 집도 많아졌다. 벨 소리에 아이가 놀란다고 한다. 초인종이라는 문명의 편리함이 이제는 피곤한 물건이 되었다.

나는 상동 호수 공원에서 주문하면 절대 공원 안까지 오토바이를 타고 들어가지 않고, 문 앞에 놓고 가든가, 아니면 입구로 나와 받아 달라고 말하고 공원 정문 앞에 나와서 받아 가게 했다.

다른 업종 사람들은 공원 안까지 오토바이가 들어가는데, 이는 원칙이 아니다. 나는 적어도 나만의 원칙을 실천하자고 생각하고 기본에 충실했다.

⊙ 배달하면서 생긴 에피소드를 소개한다

2018년 1월의 추운 겨울이었다.

배달 대행을 통해 배달했는데 메모에 "벨도 누르지 말고 문 앞에 놓고 가 주세요."라고 적혀 있었다.

그래서 문 앞에 놓고 왔는데, 하필 그 추운 겨울에 다른 집 앞에 놓고 온 것이다. 그래서 1시간 후에 피자를 다시 만들어 주고 잘못 배달한 것까지 회수해 왔다.

더 황당했던 적도 있다. 배달지에 도착해 가방이 가벼워 열어 보니 빈 가방이어서 다시 매장에 돌아와 2번이나 배달을 갔다. 최고로 황당한 사건이었다.

바쁜 일요일 저녁에 배달을 갔는데 집에 사람이 없어 10분을 기다린 적이 2번씩이나 있었다. 바쁠 때 10분은 정말 긴 시간이다.

피클을 추가로 주문했는데 빠트려 피클 하나를 다시 가지고 4㎞ 정도 떨어진 심곡동까지 다녀온 적도 있다.

콜라를 빠트린 적은 여러 번 있어 단골 실수 메뉴에 해당한다. 삼정동은 조금 먼 지역이라 슈퍼마켓에서 콜라를 사다 준 적도 있다.

우리 매장 라이더였던 김 주임에게 화나는 에피소드가 하나 있다. 배달하고 오는데 한 아주머니께서 쓰레기를 좀 버려 달라고 한 것이다. 김 주임은 아주머니에게 당신 아들이 배달 알바하면 이런 심부름 시키겠냐고 싸우고 왔다고 했다. 물론 나도 잘했다고 했다.

배달은 중요한 품질 중 하나이기에 인건비 절감을 위해 배달 대행에만 의존하지만 말고 주인과 직원이 배달을 더 많이 하면 그만큼 서비스의 질이 좋아진다. 그러면 자연스럽게 재구매율도 더 높아진다.

잘되는 매장은 무엇이 다를까

"세상에 공짜와 비밀은 없다."라는 말이 있다.

인간에게는 세 가지 액체가 있다. 그것은 피와 땀과 눈물이다. 바로 성공은 피와 땀과 눈물의 결정체이다.

성공은 실패를 반복하며 얻는 결과물이라고 생각한다. 이렇게 실패를 이겨내고 정상에 선 무림의 고수들을 우리는 달인이라고 부른다.

매장도 특성에 따라 자기만의 영업 전략을 만들어 무림의 고수까지는 아니어도 성공한 사업가 소리는 들어야 한다.

매장 위치와 홍보 전략에 따라 매출 포지션이 어떻게 달라지는지 그 차이를 보면서 각각 어떤 전략을 구사했는지 참고해 보길 바란다.

〈주문 경로별 점유비〉

구분	상동점	잠원점	구로점	동탄점	대구 수성구점
전화+방문 점유율	41%	88%	84%	40%	74%
앱 점유율	59%	12%	16%	60%	26%

※ 2019년 1~3월 월평균 기준.

※ 앱 점유율: 배달의민족, 요기요, 홈앱, 카카오톡 등.

매출은 생각만으로 얻어지는 것이 아니다.

성공은 생각으로만 얻어지는 것이 아니다.

성공은 생각을 실행에 옮겨서 얻어지는 행동의 결과물이다.

⊙ 잠원점은 한강 둔치를 기적의 땅으로 만들었다

잠원점은 빨간모자피자가 1990년대에 영업을 시작한 매장이니 20년 넘게 영업해 온 매장이다.

잠원점은 앱 매출 비중이 적은 반면, 방문이나 전화 주문의 비중이 다른 가맹점보다 높게 나타난다.

바꾸어 말하면, 앱 매출이 적은 것이 아니라 전단지 홍보 비중이 높아 전화나 방문 포장이 많기에 나타나는 상대적인 결과다.

내가 직접 알아보니 한강 둔치가 가깝고 이를 전단지 영업에 적극적으로 활용하고 있다고 한다.

강성민 대표님은 물론, 배달 직원들에게 다른 가맹점 시급보다 높은 추가 지원을 하며 함께 한강에 나가 매일같이 전단지 영업을 한다. 대표로서 직원 관리도 잘하지만 먼저 솔선수범하는 진정한 베테랑이라고 다들 얘기한다.

매년 한강 둔치에서 홍보해 왔기 때문에 그 근방에서는 빨간모자피자의 명성을 익히 알고 있다. 그 덕에 주변 아파트는 물론이고 상가와 대학 병원 등에서 고정적으로 단체 주문을 넣는다.

한강이라는 천혜의 환경을 홍보로 잘 연결한 사례이다. 또한, 한강

특선이라는 자체 메뉴를 만들어 홍보하는 전략을 구사하고 있다.

잠원점은 매출에 있어 봄부터 가을까지 폭발적인 위력을 보인다. 한강 둔치에 사람이 줄어드는 겨울철에는 매출이 조금 줄어들 법도 하지만, 상가나 단체 공략을 통해 겨울철 매출도 꾸준히 이어간다.

4~5월에 봄이 되면 한강에 나들이객들이 몰리고, 한강 둔치에서 각종 행사나 이벤트가 열리는 것을 영업적으로 잘 활용한다. 봄, 가을엔 하루 500만 원 이상의 매출을 올리는 날이 매우 많다.

만들어 본 사람은 알지만, 피자는 미리 만들어 놓을 수 있는 음식이 아니기에 주문이 들어오면 매장이 전쟁터보다 더 긴박하게 돌아간다. 이걸 다 해결하는 능력이 정말 놀라울 정도이며 대단해 보인다. 강성민 대표님은 우리나라에서 내로라하는 피자 메이킹 달인으로 그 맛과 품질을 모두가 인정한다.

여름이면 한강 수영장이 대박을 터트린다.

가을 저녁에 한강 불꽃놀이가 있을 때면 연간 매출이 신기록을 세운다. 올해 가을에도 불꽃놀이 구경을 온 사람들이 온종일 자리를 잡고 빨간모자피자 잠원점에서 피자를 시켜 먹을 것이다.

나도 여기서 힌트를 얻어 주말에 부천 상동 호수 공원에 가서 영업을 했다. 사람은 한강의 10% 안 되는 수준이지만, 그래도 반응을 보여 준 부천, 부평 가족들에게 고마움을 느낀다.

강남권에도 많은 매장이 있었지만, 한강 둔치 같은 보석을 자기 것으로 만들지 못하고 폐점한 곳도 있다.

물류 배송의 시스템도 날로 발전하고 있는 요즘, 잠원점에서 드론을 통해 한강 둔치로 피자를 배달하는 날을 기대해 본다.

⊙ 구로점은 역세권과 벤처 기업을 꾸준히 공략했다

구로점은 구로역 대각선 맞은편에 있다. 위치상으로만 보면 단독 주택 지역에 있어서 포장 주문을 하기 어려워 그리 좋은 위치는 아니지만, 발군의 영업력으로 이를 헤쳐 나가는 모습에 대단하다는 말밖에 할 수가 없다.

구로점은 내가 알고 있는 상황만 놓고 얘기하자면 두 가지 천혜의 조건을 가지고 있다.

구로점은 구로 디지털 1~2단지가 있는 것은 물론, 2호선 구로디지털단지역과 서부 간선도로가 연결되는 곳이며, 1호선 가산디지털단지역이 있다.

즉, 구로점은 영업권 안에 1호선, 2호선, 7호선이 다 지나다닌다.

구로점 김종우 대표님은 이곳 더블 역세권에 가서 매일 아침마다 전단지를 돌리고 돌아와서 아침을 먹고 다시 출근한다. 철인보다 더한 체력과 정신력을 가졌다고 본다.

이렇게 영업하다 보니 앱 주문보다 전화 주문이 많다

가산디지털단지와 구로디지털단지에는 15,000개가 넘는 벤처 기업이 있다고 한다. 대략 20만 명이 상주하고 있다.

이런 영업 덕분에 전화를 통한 주문이 주를 이룬다. 매일 열정으로 영업해 더블 역세권을 내 것으로 만든 김종우 대표님의 영업력과 열정에 많은 사람이 감탄한다.

그뿐만 아니라, 오후엔 2시부터 5시까지 상가 오피스텔 영업을 하고 돌아온다. 지성이면 감천이라는 말은 여기에 쓰는 말이라는 생각이 든다.

가맹점을 오픈하고 눈이 오나, 비가 오나 매일 아침에 영업한다는 것은 변하지 않는 초심을 갖고 일하지 않으면 정말 불가능한 일이다.

이런 영업 결과는 고스란히 매출로 나타난다.

평일과 점심시간 매출이 다른 매장보다 높게 나타난다. 아침에 뿌린 전단지를 보고 점심을 먹으러 나갈 시간이 없는 사람들이 피자와 스파게티, 치킨을 주문하기 때문이다.

그리고 금요일 매출도 타 매장에 비해 상대적으로 높다.

벤처 기업이 많으니 한 주를 마감하며 금요일 퇴근 전에 단체로 주문하는 경우가 많기 때문이다.

구로점의 김종우 대표님은 우리가 다 아는 방송국 간부로 재직하다가 퇴직했다. 열심히 생활하는 모습이 정말 존경스럽다.

나이는 어려도 늙은이처럼 행동하는 사람이 있는가 하면, 나이가 많아도 청춘처럼 사는 사람이 있다는 말이 있다. 구로점 대표님이 바로 그런 분이다.

⊙ 동탄점은 신도시에 과감히 진출해 시장을 선점했다

동탄점은 2017년 4월경에 오픈한 만 3년이 채 안 된 매장이다.

이곳은 자영업을 처음 시작하는 사람들에게 시사하는 바가 큰 곳이다.

앞의 잠원점, 구로점과 달리 매출 점유비를 분석해 보면 전화나 방문 포장보다 앱 주문 비중이 매우 높은 곳이다.

동탄은 서울에 근접한, 비교적 최근에 만들어진 신도시이다. 신도시는 일단 거주 연령층이 젊다는 특징이 있다. 소비가 활발한 30~40대가 자녀를 낳아 피자와 소비 연령이 맞아떨어진다.

거기에 삼성전자 기흥공장과 평택 고덕지구 삼성전자 단지에 근무하는 사람들이 많아 수입도 안정적이고 소비도 활성화된 곳이다.

또한, 신도시가 조성된 지 얼마 되지 않아 쇼핑몰 등 사회 기반 시설도 부족해 먹거리를 찾기가 쉽지 않다는 취약성이 있다. 그래서 음식이 조금만 맛있으면 다시 찾게 되어 있다.

여기에 빨간모자피자는 일단 맛이 보장되고, 서울에서 먹어 본 사람이 많아 홍보만 잘하면 고객이 바로 반응을 보인다.

나도 벤치마킹할 부분이 많아 일부러 찾아가기도 하고, 노하우를 물어 상동점에도 반영하기도 했다.

잠원점, 구로점과 달리 배달의민족과 요기요 등 앱 매출이 높은 것은 배달 앱을 타 매장에 비해 적극적으로 관리하고, 홍보 비용도 앱에 더 많이 투자해서 만들어진 결과이다.

또한, 다른 매장에서 하지 못한 맘 카페까지 공략해 영업적으로 활용했다고 한다.

이런 동탄의 시장 환경과 거주 연령층에 적합한 차별화된 홍보 전략이 성공으로 이어진 것이다.

물론 이런 신도시는 금세 다른 경쟁 업체가 나타나지만, 항상 경쟁 업체의 동향을 살피며 전략적으로 대응해 꾸준한 매출을 이어가고 있다.

이처럼 새롭게 뜨는 신도시인 서울 인근에 있는 남양주 다산신도시, 김포 한강신도시, 인천의 송도신도시와 청라신도시, 세종신도시, 동탄 2기 신도시 같은 곳이 가맹점 유망 지역이라고 볼 수 있다.

이런 시장을 알아보는 안목을 가진 동탄점 이택상 대표님(본사 부사장 겸직)은 직원들을 가족처럼 아끼고 신뢰를 갖고 관리하고 있어 어느 매장보다도 매장을 매끄럽게 잘 운영한다.

경험이 많은 직원들도 책임감이 강해 영업도 같이 하고, 배달도 같이 한다. 다른 가맹점에서는 볼 수 없는 이러한 조직 문화가 있기에 앞으로도 꾸준히 성장하는 모습을 유지할 것이다.

⊙ 대구 수성구점은 퇴직자 롤 모델의 3박자를 갖추었다

수성구점 대표는 나와 같은 생명 보험 회사에서 근무하다 퇴직한, 살아 있는 전설로 통하는 이철성 대표님이다.

2017년에 퇴직하기 전까지 현대라이프 서울사업단에서 같이 근무했기에 누구보다도 성공을 기원했다.

수성구점은 대구 전철 3호선 지산역에서 200m 정도 떨어진 지산 네거리에 자리 잡고 있다.

같은 직장에 다니다 퇴직하고 빨간모자피자 수성구점을 오픈해 의리상 대구 매장에도 몇 번 방문했다. 지산역에서 매장까지 가는 200m 거리에 신기하게도 먹거리 가게는 없고 옷집, 세탁소, 채소 가게 같은 것만 있었다. 심지어는 국민 간식인 피자, 떡볶이, 중국집, 족발집 같은 것도 거의 없었다.

이런 가게가 없는 게 장점인지, 단점인지 잘 모르겠다는 생각이 들었다. 그런데 뚜껑을 열어 보니 대박이 난 것이다.

일단 대박이 나는 것은 소위 말하는 오픈발을 보면 알 수 있다.

초기에는 하루 매출액이 400만 원에서 500만 원 정도 나오는 날이 다반사였다. 오픈발이라고는 하지만 이런 대박은 흔치 않았다. 본사에서 지원을 나간 직원은 베테랑 중의 베테랑인 이호찬 차장님이었는데, 그분조차 정말 팔이 빠져 죽는 줄 알았다고 했다.

그래서 나는 대구 수성구점을 보고 장사에서 자리의 중요성을 깨달았다.

수성구점이 방문이나 전화 주문 비율이 높은 것은 목이 좋아서 나타난 결과로 보인다. 이것은 구로와 같이 매일 영업을 해서 나오는 것도 아니고, 잠원점처럼 한강에 나가 영업을 해서 나오는 것도 아니었다.

40년간의 직장 생활로 몸에 밴 경험에서 우러나오는 고객 관리 능력이 있는 것이다. 그 덕에 매장 오픈 후 20개월이 지난 지금도 방문 포장이 꾸준히 매출로 연결되고 있다.

나는 요즘도 수성구점과는 수시로 통화하며 영업 전략을 공유한다.

배달의민족이나 요기요로 젊은 사람들의 이용이 늘고 있어 이런 배달 앱을 체계적으로 관리할 필요성이 있다고 판단해 서로 의견을 주고받는다.

거기다 이철성 대표님은 리뷰 관리도 빠짐없이 꼼꼼히 작성해 보는 이들을 감탄하게 한다. 평점도 전국에서 최고인 4.9점을 유지하고 있다.

매장을 운영하며 애로 사항이 생기면 퇴근길에 서로 전화를 했다.

나는 배달의민족이나 요기요 매출이 중요하니 단골 쿠폰 할인율, 반짝 쿠폰 할인율, 리뷰 작성 요령 등을 참고하라고 알려 주었다. 또한, 배달의민족 메뉴 배치 순서를 다른 매장과 다르게 바꾸니 반응도 좋고 패밀리 세트도 반응이 좋으니 괜찮으면 사용하라고 일러 주었다. 심지어 피클의 무, 오이 크기와 수량까지 얘기해 주었다.

아마 머지않아 수성구점은 전국 매출 상위권을 유지할 것으로 보인다.

수성구점은 피자를 만들 때도 항상 치즈량을 일정하게 하기 위해 컵을 사용해 똑같은 양을 사용한다. 그러니 맛이 일정하다. 맛이 일정하다는 것은 그 집을 신뢰할 수 있다는 뜻이다.

한강 둔치를 기적으로 만든 잠원점, 지하철역과 벤처 기업 공략을 통해 매출을 증가시킨 구로점, 신도시에 과감히 진출해 시장을 선점한 동탄점, 3박자를 다 갖춘 대구 수성구점을 보면서 주어진 환경을 자기 것으로 만드는 사람과 하늘만 쳐다보고 남을 탓하는 사람과의 차이가 무엇인지 느낀다.

누구와 얘기하든, 왕년에 한 가닥 안 해 본 사람은 없다. 그러나 영업은 과거는 필요 없다. 지금 이 순간이 가장 중요하다. 그러니 요즘 유행하는 말처럼 "나 때는 말이야."라고 하면 꼰대 소리를 듣는 것이다.

더도 말고, 덜도 말고 세상이 변하는 만큼만 순응하고 노력하면 성공자의 길을 갈 수 있다.

자영업, 이렇게 하면 실패한다

자영업(自營業)의 사전적 의미는 '자신이 직접 경영하는 사업'이다.

그러나 나는 특히 요식업이라는 자영업은 '자신과 가족들이 함께 하는 사업'이라고 정의하고 싶다.

요식업에서 누가 뭐래도 중요한 것은 맛과 상권의 위치이다. 그리고 영업력(홍보), 가족의 협조, 초기 자금력, 정신력과 체력, 이 5가지 요소를 냉정히 테스트해 보면 된다.

최근 요식업 중에서 프랜차이즈가 차지하는 비중이 48% 정도라고 한다. 프랜차이즈가 아닌 일반 요식업이 52% 정도 되는 셈이다. 그러나 미국의 경우 프랜차이즈 비중이 70% 정도 된다고 한다.

창업자들은 앞으로 주변에 계속 생길 프랜차이즈와 오래된 맛집과 경쟁해야 한다. 이들과 경쟁해야 하는 초보 사장들은 어떤 각오로 자영업에 임해야 할지 잘 판단해야 한다.

나처럼 퇴직하자마자 바로 준비도, 분석도 없이 뛰어들면 백전백패하기 쉽다.

오히려 나 같은 경우는 행운이라고 생각한다. 자영업의 세계에서 짧게는 1년에서 2년 정도 고생하면 은행 금리보다 훨씬 나은 안정적 수익원을 만들 수 있다. 그게 나를 뛰게 만들었다.

그러나 현실적으로는 실패하는 것이 성공하는 것보다 10배는 쉽다.

⊙ 창업 후 최소한의 여유 자금이 없으면 실패한다

내 경험에 의하면 마라톤 풀 코스를 달릴 때 반환점까지 내가 가진 체력의 30% 내지 40% 정도만 소모해야 반환점을 돌아 골인 지점에 도달할 수 있다.

자영업도 창업 준비 자금 외에 어느 정도 여유 자금이 없으면 실패하기 쉽다.

내가 가진 자금력을 감안하여 창업해야 한다. 예를 들어, 현금 1억 원이 있다면 창업 자금으로 5,000만 원을 사용하고, 가족 생활비로 3,000만 원을 사용하면 홍보비 등 초기 매장 정상화를 위한 여유 자금을 2,000만 원 정도는 가지고 있어야 한다.

창업 자금이 1억 원 정도 들어갔다면, 생활비와 홍보비 등 초기 운영 자금 2,000만 원 등 총 1억 5,000만 원은 있어야 한다고 본다.

처음부터 돈에 쪼들려 계산기부터 두드리면 망하진 않아도 매장을 성공시키기도 어렵다.

창업하고 초기에 해 보고 싶은 전략을 구사하려면 창업 비용 외에도 최소한의 여유 자금이 반드시 필요하다. 다시 한번 강조하지만, 1년에서 2년 정도 투자할 여력이 없으면 안 된다.

누구나 아는 상식 같지만, 이런 시행착오를 겪지 않았으면 한다.

⊙ 홍보하지 않으면 실패한다

자본주의는 부익부 빈익빈이 존재하는 불공정한 게임이다.

요식업은 아무리 맛있어도 소비자가 알지 못하면 매출로 연결되지 못한다. 회사 차원의 홍보도 있지만, 본인의 매장마다 자기만의 홍보 전략이 있어야 한다.

대형 브랜드의 경우, 회사 차원에서 공중파나 라디오 등 다양한 홍보를 한다. 이런 회사의 경우 창업 비용이 많이 들고 로열티 수수료가 높은 곳이 많다.

그럼 우리 매장을 알리는 홍보 방법을 생각해 보자.

요즘은 젊은이들은 배달의민족, 요기요 같은 앱을 통해 주문을 많이 한다. 앱을 통한 회사 차원의 할인 행사와 이벤트도 있지만, 별도로 점주만의 별도 홍보 전략도 필요하다.

매장 자체 홍보는 크게 2가지로 구분된다. 전단지 홍보와 앱을 통한 상위 노출 홍보다. 여기에는 홍보비가 들어간다.

전단지 홍보는 직접 현장에 나가 매일 홍보 전단지를 돌리는 방법과 돈을 주고 아파트 전단지함에 홍보 전단지를 넣는 방법이 있다.

이 외에도 문자 홍보, 네이버나 다음 같은 곳에 하는 블로그 홍보도 있다.

홍보는 바로 효과가 나타나기보다는 점진적으로 나타나기 때문에 초기엔 투자 비용 대비 매출 상승을 적어도 6개월이나 1년 후를 보고 꾸준히 홍보를 지속해야 결실을 거둘 수 있다.

이런 초기 투자 비용을 최소화하려면 주인인 내가 발로 뛰어야 한다. 나는 15개월간 전단지 10만 장을 돌리며 그 땀의 대가를 맛보았기에 자신 있게 말할 수 있다.

매장에 방문 포장을 하러 온 한 고객은 내가 중앙 공원에서 전단지를 돌리는 모습을 보고 감동을 받아서 찾아왔다고 했다.

“맛도 동네에서 최고네요.”라고 하는 손님도 있고, “어제 전단지 주고 가서 피자 주문합니다.”라고 말하는 손님도 있었다.

일반적으로 어려운 기업도 비용을 줄일 때 교육비, 홍보비부터 줄인다.

요식업은 잘되는 데도 1년이 걸리고, 망하는 데도 1년이 걸린다. 나도 모르게 서서히 고객이 줄어들기 때문이다.

성공하고 싶으면 땀 흘려 홍보를 하면 되고, 실패하고 싶으면 홍보를 소홀히 하면 된다. 돈을 적게 쓰고 효율적으로 성공하기를 원하면 스스로 홍보해야 한다.

⊙ 가족의 협조가 없으면 실패하기 쉽다

자영업은 혼자 하는 것이 아니다. 가족들과 함께하는 사업이라는 말을 앞에서도 했다.

물론 1인 가게도 있을 수 있다. 그러나 혼자 할 수 있는 요식업이 얼마나 있을까? 피자 가게도 최소 2~4명은 있어야 운영할 수 있다. 물론 평일은 2~3명이면 가능하다.

간단하게 월 매출 1,000만 원당 인원이 1명씩이라고 보면 대략 예측이 된다. 월 매출이 2,000만 원대는 2명, 3,000만 원대는 3명, 4,000만 원대는 4명 정도라고 생각하면 된다.

가족의 협조 없이 매장을 운영한다고 가정하면 직원들 급여, 4대 보험, 퇴직금과 식비까지 계산하면 1인당 인건비로 월 300만 원 정도를 잡아야 한다. 3명을 고용했다면 월 900만 원 정도의 인건비 지출이 발생한다. 그래서 가족이 1명이나 2명이 같이 할 수 있으면 좋고, 차선책으로 친인척이 함께하는 것도 좋은 방법이다.

결국, 그 돈이 우리 집 통장으로 최대한 많이 들어오게 해야 한다.

직원을 채용해도 숙련되거나 내 일처럼 하는 사람을 찾기 쉽지 않다. 그래서 가족의 참여 없이 혼자 뛰어들면 돈을 벌기가 쉽지 않다. 특히 창업 초기에는 비용이 많이 드는 데 반해 매출은 적어 적자 운영이 될 수도 있다.

이를 명심하고 충분한 대책을 세우고 창업해야 실패하지 않는다.

⊙ 무엇이든 대충하면 손님은 소리도 없이 사라진다

매장 운영은 마음의 거울이다.

매장 청결이나 매장 분위기는 나보다 손님이 더 잘 안다. 우리도 사람이 살지 않는 빈집에 들어가 보면 느낌으로 알아챈다.

청소가 안 되어 있고 메케한 냄새가 난다면 다음에 누가 또 오고 싶을지 생각해 보라. 오픈 시간이 되어도 전화도 안 받고 불도 켜져 있지 않다면, 소리소문없이 손님이 달아날 것이다.

자영업의 손님은 늘어나는 데도 소문이 없고 달아나는 데도 소문이 없다.

낮잠을 자다 전화를 늦게, 그것도 잠자는 목소리로 받으면 고객은 전화한 걸 후회한다. 저녁에 11시 마감인데 10시부터 청소하고 있으면 매장에 주문하러 오다가 돌아서 가 버린다. 이렇게 대충하기는 정말 쉽다.

매장 오픈 시간과 매장 마감 시간은 항상 일정해야 신뢰가 간다. 신뢰가 가지 않으면 손님의 발걸음은 서서히 돌아서게 된다.

⊙ 맛없게 만드는 건 쉽다

사람의 혀는 가장 정직하면서 반대로 가장 간사하기도 하다.

소득 3만 불 시대에 사는 우리는 맛만 있다면 얼마든지 승산이 있다. 반대로 맛이 없으면 소리소문없이 찾지 않을 것이다.

피자는 요리다. 그래서 정성을 들여서 만들어야 한다.

피자 도우도 대충 만들고, 토핑도 레시피대로 안 하고 적당히 올리고, 재료의 유통 기한이 하루 지났는데도 쓸 만하다고 그냥 사용했다고 생각해 보자.

발 없는 말이 천 리를 간다. 거기다 배달 시간도 늦고 식어서 간다면 맛있는 피자도 맛없게 느껴진다. 그러면 자연히 고객의 발소리와 전화벨 소리가 줄어들게 된다.

이렇게 작은 차이가 엄청난 결과를 초래한다.

⊙ 정신력과 체력이 없으면 실패한다

나는 자영업은 마음의 근력과 근육이 필요하다고 말한다.

가맹점 운영은 70% 이상이 육체노동이고 30% 정도는 정신노동이다.

최고의 정신력은 체력에서 나온다. 강한 체력은 물론이고 반드시 성공시킨다는 강한 정신력 없이는 실패하기 쉽다.

이곳은 직장처럼 나를 대신해 줄 사람이 없기 때문에 이런 정신력이 더욱더 중요하다.

최소 1년에서 2년을 올인한다는 마음의 준비가 없으면 창업할 수 없다. 하다가 실패하면 그만둔다는 마음가짐으로 시작해서는 안 된다.

사각의 링 위에 올라가는 권투 선수처럼 마음부터 이기고 상대와 싸워야 성공할 수 있다.

⊙ 놀기 싫어서 일하면 실패한다

돈이 꼭 필요하거나 일이 좋아 열정적으로 인생을 살고 싶은 사람이 창업을 해야 한다. 이루고 싶은 절실한 목표가 있어야 한다.

재취업도 안 되고, 통장에 명퇴금은 조금밖에 없고, 집에서 잔소리 듣기 싫다고 충동적으로 창업하면 실패하기 딱 좋다. 할 게 없으니 창업이나 해 볼까 하고 뛰어들지 말아야 한다.

프랜차이즈 영업도 전문성이 있는 직업으로 생각해야 한다.

내가 보고 느낀 경험을 토대로 몇 가지 이야기를 해 보았다. 실패하지 않는 성공 창업을 원한다면, 평범한 소리 같아도 내 얘기를 다시 한번 되새겼으면 한다.

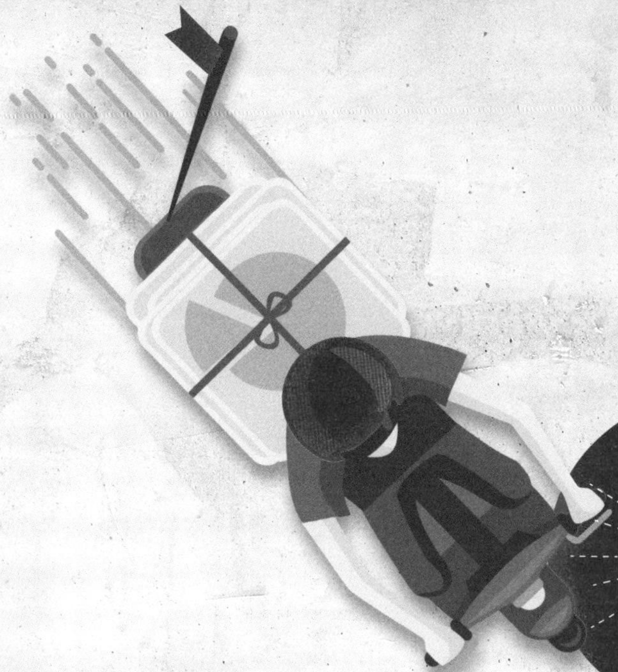

PART 5

성공의 열쇠, 5가지 홍보 전략

피자 가맹점 운영은 크게 3가지 정도로 임무와 역할이 나뉜다. 메이커, 라이더, 홍보다.

메이커는 누구나 할 수 있지만, 매우 중요한 역할이다. 라이더 역시 누구나 할 수 있지만, 동시에 매우 위험한 역할이다. 영업, 즉 홍보도 누구나 할 수 있지만, 그렇다고 아무나 할 수는 없는 역할이다.

특히 홍보에 대한 내 생각은 어떻게 보면 당연하고 누구나 다 아는 이야기 같지만, 사실은 매우 많은 의미를 담고 있다.

피자는 최대한 맛있게 만들어서 빠르고 따뜻하게 배달하고, 고객에게는 친절한 인상을 남기면 된다. 그러나 그것도 고객이 피자를 주문하지 않으면 모두 의미가 없다.

그래서 홍보에 있어서는 어떤 회사든 사활을 건 투자와 관리를 한다. 물론 홍보는 회사의 몫이 있고 매장의 몫이 따로 있다.

나는 회사 생활을 하며 수많은 고객 만족 교육을 받았고, 본사에서는 영업 전략을 짜는 영업기획팀장을 지냈다. 현장에서는 지점장과 사업단장 생활을 하면서 고객 응대 요령이 몸에 뱄다. 그래서 스스로 서비스에 대한 기본은 어느 정도 갖추고 있다고 생각했다.

어차피 서비스는 똑같은 것이기에 이것을 자영업에 고스란히 적용하자고 생각했다. 시장 조사, 고객 트렌드 분석, 통계 관리, 우수 가맹점 벤치마킹, 원미구 내 동일 업종 가맹점 동향 분석 등 내가 회사에서 마케팅전략팀장으로서 하던 일들이 습관처럼 머리를 스쳐 갔다.

이를 하나씩 준비하고 여기서 내가 할 일이 무엇인가를 찾아서 실천했다. 그리고 생각이 날 때마다 수시로 메모해 나만의 영업 전략을 하나씩 만들어 가기 시작했다.

피자 메이커와 라이더 문제를 해결하고 나면 남는 것은 영업, 즉 홍보의 문제였다. 홍보를 어떻게 하느냐에 따라 매장의 운명이 결정된다.

오픈 초창기에는 오전 11시부터 오후 7시까지 주문이 겨우 1건이나 2건 들어오는 날도 있었고, 아예 1건도 없을 때도 있었다.

전화기가 고장 났다고 생각해 전화기를 들었다 놔 보기도 하고, 휴대 전화로 매장에 전화해 본 적도 있었다.

이런 경험은 처음이라 내게는 감당하기 쉽지 않은 시련이기도 했다. 정말 기다림에는 내공이 필요했다.

그래서 이런 상황을 극복하려면 무조건 영업을 해야 했다. 평소 몸에 축적된 노하우를 동원하고 모르면 물어서라도 길을 찾아야 했다.

이미 가게를 오픈했으니 일은 벌어졌고, 실패 아니면 성공이라는 갈림길에서 잠깐 서서 기도를 했다. 어차피 내디딘 발걸음, 성공을 위해 거침없이 달려가자고 다짐했다.

원래 나는 포기를 모르는 환경에서 자랐다. 나도 모르게 성장 과정이 나를 그렇게 만든 것 같다.

어려서는 처음부터 감당하기 힘들 정도의 짐을 지고 지게질을 했고 이것은 내게 얼마나 인내하며 가느냐 하는 지구력 게임과도 같았다. 고등학교 2학년 때부터 대학 1학년 때까지는 복싱도 하려고 했었고, ROTC로 특전사에 가서는 인명 구조 자격증을 따기 위해 10㎞ 거리를 수영으로 완주했다.

IMF가 닥친 이듬해인 1998년에는 지점장에 자원해 역경을 딛고 연도상 2등으로 특별 승급을 하기도 했다. 이때 스트레스도 풀고 건강 관리도 할 겸 마라톤에 입문해 10년 정도 했다. 모두가 엄청난 지구력을 요하는 것들이었다.

이런 과정들을 돌이켜 보면 시련은 있어도 포기한 적은 없었다. 마치 현대그룹의 창업주인 정주영 회장님의 책 제목처럼 "시련은 있어도 실패는 없다."라는 말을 되새기며 그런 과정을 헤쳐 온 것 같다.

내가 가지고 있는 영업 철학에 주변 경험자들의 노하우와 인터넷을 뒤지며 찾은 지식으로 나만의 영업을 시작했다. 23개월이 지난 지금 생각하면 비효율적인 면도 많았지만, 성공과 실패를 반복하며 헤쳐 온 다양한 영업적 시도가 결국에는 약이 되었다.

나만의 방식에 성과가 나타나다가 2019년 5월경에 약간의 시련이 생겼다. 2019년 5월 1일, 배달의민족 운영 방침 변경으로 본의 아니게 20% 정도 영업력 감소가 발생했다.

그래서 또 하나의 전략이 필요했다. 영업시간을 1시간 30분 늘리고 요기요 공략을 강화했다. 그리고 곧바로 다음 달에 매출을 정상화시켰다.

⊙ 영업(홍보), 누구나 할 수 있지만 아무나 할 수는 없다

영업(홍보)는 생각을 실천해서 얻어지는 결과물이다. 즉, 실천이 왕도다.

아무리 좋은 물건이 있어도, 아무리 맛있는 제품이 있어도 고객이 구매하지 않으면 아무런 소용이 없다. 그래서 영업이 중요하다. 그런데 누구나 할 수 없는 것이 영업이다.

어느 회사나 마케팅기획팀과 영업관리팀이 있고, 여기에 매우 많은 인원이 배치되어 근무한다. 누군가 머릿속으로 생각하는 것을 몸으로 실천하는 것이 홍보다.

그래서 영업을 '족(足)의 철학'이라고 말한다. 그만큼 실천이 중요해서 나온 말이다.

나는 영업이 얼마나 힘든 일인지를 이미 알고 있었기에 각오를 했다.

상동점 인수 시점인 2017년 9월 18일부터 해 왔던 홍보 내용을 하나씩 설명해 본다.

사실 처음 하는 자영업이라 홍보를 해야 한다는 생각은 앞섰지만, 명쾌한 방향이 서질 않았다. 그래서 구로점 김종우 대표님께 자문을 했고, 많은 조언을 받았다.

거기에 나의 아이디어를 접목해 나만의 홍보 전략을 생각해 실천했다.

처음에는 전단지 홍보와 배달 앱 홍보의 상관관계를 잘 알지 못했다. 2017년만 해도 배달 앱의 중요성을 깊이 있게 알고 있는 사람도 적은 편이었다.

이런 상호 비중을 잘 알고 있었으면 시행착오도 적게 하면서 홍보 문제를 풀어 갔을 텐데, 몸으로 부딪치며 해결해 가려니 당연히 시간이 많이 소비되고 비용도 많이 들 수밖에 없었다.

이런 나의 시행착오를 다른 사람이 겪지 않았으면 하는 마음에 책을 쓰고 있는지도 모른다.

매장 오픈 초기인 2017년 하반기에는 앱의 중요성을 모르고 오로지 전단지에만 의존했다. 4개월이 지난 2018년 1월부터는 앱을 이용한 영업의 필요성을 느끼고 전단지와 앱을 활용한 투 트랙 전략의 홍보를 시작했다.

배달 앱(배달의민족, 요기요 등)을 통한 매출의 증가가 두드러짐을 인지하고 2018년 하반기부터는 배달 앱에 더 집중하기 시작했다.

나도 사람이기에 배달 앱 매출이 늘어나니 전단지 홍보가 상대적으로 줄어들었다.

결론은 방문 고객을 통한 홍보, 전단지 홍보, 배달 앱 홍보, 문자 홍보, 블로그 홍보 등 홍보 방법이 입체적으로 이루어져야 최고의 결과를 만들 수 있다는 것이다.

란체스터 법칙과 1:5 법칙

⊙ 란체스터 법칙에 입각해 홍보 전략을 짜자

'란체스터 법칙'이란 영업 초기에 얼마나 홍보에 집중할 것이냐 하는 것이다.

전쟁을 하는 두 나라가 있다. 한 쪽은 5대의 비행기가 있고, 한 쪽은 3대의 비행기가 있다. 둘이 싸우면 어떻게 될까? 상식적으로 생각하면 '5-3=2'이니 2대가 남을 것 같지만, 실제로는 5대 있는 쪽이 4대가 남는다.

5대 중 1대는 상대편 한 대와 싸우다 상대와 같이 피폭된다. 나머지 4대는 각각 2대가 상대편 1대와 싸워 4대가 전부 남는다. 이러한 논리가 바로 란체스터 법칙이다.

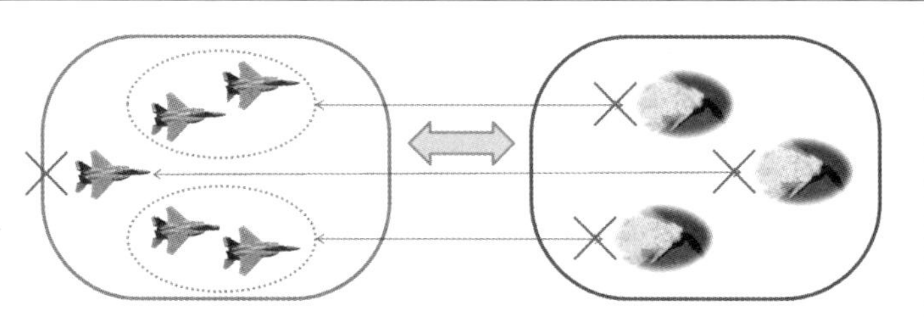

- '5-3=2'로 2대가 남는 것이 아니라, '5-3=2×2=4'로 4대가 남는다. '란체스터 법칙'을 이용한 과감하고 결단력 있는 정책의 집중화가 필요하다.
- 이를 바탕으로 시너지 효과가 발생할 수 있는 시스템을 강화한다.

모든 사업이 마찬가지지만, 초기에 자리를 잡거나 일정 부분 궤도에 올라서기 위해서는 사업 초기 투자 비용이 매우 중요하다.

물론 최소 비용으로 최대의 효과를 올리면 그보다 더 좋을 수는 없을 것이다. 그러나 이미 좋은 상권과 아이템을 가진 곳은 무림의 고수들이 차지하고 있다는 사실을 명심해야 한다.

자영업을 경험한 선배들은 매출액의 5% 내지 7%를 홍보 비용으로 쓰라고 얘기한다.

나는 처음 6개월간은 나름대로 홍보용 예산을 200만 원 정도로 책정하고 이를 전단지 제작, 문자 홍보, 네이버 홍보를 중심으로 사용했다.

그리고 2018년 1월부터는 전단지 홍보 비용을 줄이고 배달의민족 홍보를 확대해 나갔다. 이렇게 월 홍보 비용을 250만 원까지 확대해 집행했다.

홍보비를 선투자할 것인지, 매출이 올라가는 것을 보면서 홍보를 확대할 것인지는 전적으로 가맹점주의 몫이다. 이렇게 해도 성공한다는 보장이 없기에 누구든 투자를 망설이기 마련이다.

나는 경험을 통해 매장 오픈만 하고 적당히 시작하지 않고 모든 부분에서 최상의 여건을 갖추고 영업을 시작하려면 상당한 에너지를 투자해야 한다는 사실을 실감했다.

그래서 비행기 3대를 가지고 싸우려 하지 말고, 처음부터 5대를 갖고 싸워 이기는 란체스터 법칙에 입각한 전략을 권한다.

⊙ 1:5 법칙을 이용해 고객 관리를 하자

'1:5 법칙'은 한 고객을 통해 추가 고객을 얼마나 확보하는지가 포인트이다.

내용은 아주 간단하다.

한 고객이 빨간모자피자 상동점의 피자가 정말 맛있다고 느끼면 5명을 더 소개한다는 평범한 법칙이다. 학생이든, 가정주부든, 직장인이든 직업이나 인맥에 상관없이 누구나 마음만 먹으면 5명은 소개할 수 있다.

이 5명이 또 5명을 소개한다면 '5명×5명=25명'이 되는 것이다. 25명이 다시 5명씩 소개하면 125명이 된다. 125명이 다시 5명씩 소개하면 625명이 된다. 엄청난 숫자다.

그렇다면 이렇게 '한 번 우리 피자를 먹어 본 고객이 5명을 소개하려면 우리는 어떻게 해야 하나?'라는 질문이 남는다.

말할 필요도 없이 피자의 맛이 보장되어야 한다. 또한, 매장을 방문하는 고객에게 신뢰가 갈 만한 매장의 분위기를 보여 주고, 기다리는 동안은 웃음으로 서비스해 주고, 피자를 가지고 나갈 때는 문을 열어 주며 친절하게 인사한다.

배달할 때는 피자를 따뜻한 상태로 전달하고, 40분 이내에 빨리 가져다주고, 헬멧을 벗고 친절하게 전해 주면 된다.

배달의민족이나 요기요 같은 앱을 통해 주문을 할 때 고객이 남긴 요청 사항이 애매하다면 전화해 원하는 생각을 반영해 주면 된다.

이렇게 하나하나 놓치지 않고 신뢰가 쌓이면 고객은 소개에 의해 자연스럽게 늘어난다고 확신을 가졌고, 실제로 매월 600명 정도의 신규 고객이 늘어났다.

우리 매장의 충성 고객을 만드는 노력, '1:5 법칙'을 잊지 말자.

통계 관리는 홍보 전략의 디딤돌

숫자라고 하면 딱딱하게 느껴진다. 조금 부드럽게 출발하는 의미에서 아라비아 숫자에 대한 상식적인 얘기를 먼저 하고, 통계 관리의 중요성에 관해 얘기하려고 한다.

인간에게 가장 필요한 물, 불, 공기, 소금만큼은 아니어도 우리의 하루에는 엄청나게 많은 숫자가 필요하다.

〈아라비아 숫자란〉

아라비아 숫자는 지금으로부터 1500년 전에 인도에서 만들어졌다고 한다. 1~9는 1500년 전에 만들어졌고, '0'은 300년이 지나서 만들어졌다. 300년 동안은 '0'을 인도에서는 점(.), 유럽에서는 로마 문자를 사용해 표현했다고 한다. '0'이라는 숫자는 정말로 위대한 발명이자 발견이다. 아라비아 숫자는 인도에서 만들어졌는데, 만든 이는 알 수 없다고 한다. 아라비아 상인들이 많이 사용해 아라비아 숫자라고 하며, 그 후 유럽으로 전파되었다고 한다. '0'이 짝수냐, 아니냐에 대한 논쟁은 아직도 이뤄지고 있다. '짝수(2n)'는 2로 나누어지는 숫자이고, '홀수(2n-1)'는 2로 나누어지지 않는 숫자이다. '0'은 다른 숫자 뒤에 붙을 때는 짝수 역할을 하지만, 혼자서는 짝수 역할을 하지 못해 논란이 되는 것이다.

내가 퇴직 전에 직장에서 근무할 때 가장 오래 근무했던 부서는 영업기획팀(마케팅전략팀)으로, 총 3회 근무했다. 3번 중 2번은 팀장으로 근무했다.

영업기획팀은 주로 영업 현장 관련 제도나 규정 전략을 만드는 팀으로, 회사 예산의 약 50~60% 정도를 좌우하는 규정을 만들기에 매우 중요하고 책임이 있는 팀이다.

제도를 한 번 잘못 만들면 영업이 죽고, 손익 예측을 잘못하면 회사의 연간 손해가 엄청나기 때문에 이는 저울의 균형을 맞추는 것만큼 어려운 일이다.

이때 가장 중요한 것이 많은 팀원이 모여 영업 정책과 규정 방향을 정해 엄청난 양의 통계 자료를 만드는 것이다. 그다음으로 이 통계 자료를 근거로 설계사 수수료 기준, 지점 운영비 기준 등 다양한 지원 기준을 만든다. 그리고 다시 정책, 제도와 금액이 어느 정도 비슷한지 시뮬레이션한다.

여기서 얻은 나만의 철칙이 "숫자로 계획을 세우고, 숫자로 관리하고, 숫자로 결과를 만들어라."이다.

퇴직 후 채 1개월도 안 되어 뛰어든 자영업이지만, 원래 해 오던 습관이 있어 매장을 인수한 첫날부터 2년 동안 내 나름대로 다양한 통계 자료를 만들어 관리해 왔다.

여러 개 자료 중에 하나라도 얻어 갈 것이 있었으면 하는 마음으로 내가 관리한 통계를 설명하고자 한다.

그렇지 않아도 요즘 각종 매스컴에서는 빅 데이터를 활용한 다양한 마케팅 전략이나 이를 융합한 전략이 산업 전반에 활용되고 있다.

"지피지기면 백전백승이다."라는 말처럼, 상대를 알고 시장을 알아야 스트레스도 적고 대응 전략도 수립할 수 있기에 이를 실천해 왔다.

⊙ 매출 관리 결과표, 매일 관리하자

일반적으로 매출 관리에서 가장 중요한 것은 판매 금액이지만, 나는 결제 건수가 더 중요하다고 판단해 건수 중심의 관리를 해 왔다.

결제액은 단체 주문이 들어오면 결제 건수가 얼마 되지 않아도 매출은 올라간다. 그러나 나는 대수의 법칙에 의해 우리 매장을 찾는 사람이 늘어나면 매출이 기복 없이 상승할 수 있다고 판단해 건수 중심의 매출 관리를 해 왔다.

〈일일 매출 관리표〉

구분	건수							결제액	비고
	전화	방문	배달의민족	요기요	기타 앱	계	회사 평균		
1일									
(…)									
7일									
주간 계									
월간 계									

매일 아침 출근하자마자 청소하고 통계 자료를 체크하는 일부터 했다.

이 자료뿐만 아니라 배달의민족 사이트를 통해 주변의 7개 타 매장의 판매 실적도 관리했다.

이렇게 1주일 단위로 주간 통계를 내고, 다시 1, 2주 차와 3, 4주 차를 묶고, 5주를 나눠서 월초와 월말 실적을 체크해 왔다.

이렇게 만들어진 결과는 다시 요일별로 나눠서 관리했다. 주중인

월~목요일, 금요일, 주말(토요일, 일요일, 공휴일)을 묶어서 통계를 만들었다.

이렇게 하다 보니 요일별, 주문 채널별 현황이 훤히 보였다.

일별로는 주말 실적이 주중 실적의 180% 정도 되고, 금요일은 주중 실적의 115% 정도 된다는 것을 알 수 있었다. 주별로는 첫 주와 마지막 주 매출이 좋고, 2주 차와 3주 차 매출이 약 10% 정도 줄어든 통계도 만들어졌다. 부천의 경우만 그런지 몰라도 매월 2주 차, 3주 차에 월급을 받는 직장이 적어서 그런가 하는 생각도 들었다.

하루나 1주일 마감을 하고 나면 건수가 어느 부분에서 적게 들어왔는지 분석이 가능하다.

날씨가 좋으면 야외로 나가는 사람들이 많아 전화나 방문 포장 주문의 기복이 심하게 나타나기도 했다.

그리고 백화점과 대형 마트가 쉬는 2주 차는 주문량이 10~15% 정도 늘어나는 것도 확인할 수 있었다.

막연히 장사가 안된다고 고민하고, 잘된다고 아무 생각 없이 즐겁게 지내기보다는, 숫자에 숨은 깊은 맛을 알고 통계 관리를 놓지 않아야 한다.

배달의민족이나 요기요는 주문 건수가 많기에 상위에 노출되는 입찰에 탈락하면 다음 달의 대응책을 마련해야 한다. 이 때문에 통계 자료가 더욱 중요했다.

2년 치 자료가 축적되니 월별로 특성도 알 수 있고 발주 시 물량 예측도 가능해 항상 필요한 양의 재료만 주문하는 데도 도움이 컸다.

⦿ 통계 속에 계절별 트렌드가 보인다

역사는 지나간 다음에 평가된다. 통계도 마찬가지이다.

역사는 지나간 자료를 바탕으로 미래를 예측한다. 그러나 통계는 통계일 뿐, 통계의 함정에 빠지면 안 된다.

참고 자료로 가치는 있지만 이를 응용해 접목하는 안목이 필요하다.

〈상동점 반기별 일일 평균 건수 현황〉

구분	2017년 4분기	2018년		2019년	비고
		상반기	하반기	상반기	
1일 평균	25건	28건	36건	40건	
월~목	17건	21건	28건	30건	
금	29건	28건	34건	37건	
주말, 공휴일	36건	40건	47건	53건	

※ 2년간 반기별 판매 실적을 일일 평균으로 산출.

그냥 보기에는 의미 없는 숫자인 듯하지만, 한 꺼풀 그 속을 들여다보면 실체가 보인다.

2017년 4분기는 영업을 처음 시작한 때였다. 10월, 11월은 홍보 차원에서 파격적인 할인 행사를 실시했다. 할인율은 방문 포장 40%, 배달 30%였다.

여기에는 나타나지 않지만, 2017년 인수 전의 실적이 워낙 낮아 10월, 11월은 판매 건수가 그런대로 늘어나기 시작했다. 12월은 방학에다 추워지는 시기여서 피자집은 최고의 성수기라고 했다. 그래서 할인율을 방문 포장 30%, 배달 10%로 축소했다.

자영업을 처음 하는 나에게는 할인율을 10%로 축소한 것이 그렇게 고객에게 크게 느껴지겠나 했다. 피자 가격 할인율이 10%면 대략 2,500원 정도이다. 맛있으면 되지, 고작 할인율 가지고 안 먹겠나 했다.

그러나 12월은 성수기는커녕 오히려 된서리를 맞았다. 그래서 2017년 4분기 일일 평균 실적이 25건에 불과했던 것이다.

자영업은 다르다는 것을 깨닫지 못한 착각이 빚어낸 시행착오였다. 2018년 1분기도 여전히 방학 특수를 누리지 못하고 할인율 변경에 따른 고객들의 반응이 매우 냉랭했다.

2018년 2분기가 되어서야 조금씩 정상화되기 시작했다.

전단지 10만 장을 돌린 효과가 나타났고, 배달의민족을 통한 주문이 늘어나면서 나타난 결과였다.

여기서 하나 중요한 포인트는 할인율 조정으로 인한 충격을 극복하는 데 4개월 정도가 걸렸다는 것이다.

7월과 8월은 방학이 있기 때문에 여름철도 피자집은 성수기에 해당한다. 그래서 매출이 증가했고, 배달의민족 주문이 탄력을 받는 시기여서 하반기까지 성장세를 이어갈 수 있었다.

1년 중 피자집의 가장 큰 성수기는 뭐니 뭐니 해도 크리스마스와 송년 행사가 있는 12월이다. 12월 매출이 연간 최고 실적을 기록하는 것은 지극히 당연한 결과이다.

그러나 10월과 11월은 단풍 관광 등 야외 활동이 많아 모든 요식업이 비수기에 속한다. 이런 월별 특성을 감안해 보면 도움이 될 것이다.

2018년 하반기도 12월 성수기와 배달의민족 인지도 확대가 매출에 결정적 역할을 해 연속해서 성장했다.

2019년 1분기도 최고의 성수기에 해당한다.

피자는 방학처럼 집에 사람이 많은 기간에는 무조건 주문이 많다. 평일보다 주말에 주문이 1.8배 정도 많은 이유도 집에 가족이 많기 때문이다.

예를 들어 날씨가 춥고 눈이 오는 1월 방학이라면, 이런 날은 전쟁터 같은 느낌이 들 정도로 바쁘게 일해야 한다. 우리나라는 겨울 방학이 길기 때문에 피자의 최고 성수기는 12월부터 이듬해 3월 초까지로, 약 4개월간이 피크다.

나는 매장 책상 앞에 요일별 표준 지표 40건을 설정해 놓았는데, 그 목표를 2019년 1분기에 처음 달성했다. 한 달이면 1,200건이 넘는 실적이다.

"꿈은 이루어진다."라는 2002년 월드컵 문구처럼 6분기 만에 목표 지표를 달성한 것은 정말 감동이었다.

사람은 밥을 안 먹어도 15일은 살 수 있고, 숨을 안 쉬고도 6~7분은 살 수 있다고 한다. 그러나 꿈이 없이는 1분, 1초도 살 수 없는 게 인간이다.

특히 2018년과 2019년은 나라 경제는 어렵고 언론에서는 매일 자영업 폐업 소식만 나오던 시기라 감회가 더 새로웠다.

계절 특성상 4월부터는 봄나들이, 가정의 달 행사, 체육 대회, 동호회 모임이 많아 약간의 감소가 발생했다. 여기에 2019년 5월은 배달의민족 상위 노출 시스템 변경으로 배달의민족 매출이 줄어들었다.

원인을 알았으면 대책을 세우면 된다.

계절은 내 힘으로 바꿀 수 없으니 내가 할 수 있는 것만 찾아서 실천했다.

전단지를 오후 2시부터 5시까지 다시 돌리기 시작했다. 안 하고 후회하는 것보다는 하고 후회가 없는 것이 더 낫지 않을까?

배달의민족 매출 감소도 불가피한 것이라 그 매출은 요기요 입찰을 늘려 배달의민족 감소분의 절반 정도는 메꿨다.

마지막으로, 머릿속으로만 생각하던 히든카드를 꺼냈다. 22시 30분까지 하던 영업시간을 23시 30분까지로 1시간 늘렸다.

물론 힘은 들었지만, 매출 감소는 내 자존심이 허락하지 않았다.

자료에는 나와 있지 않지만, 7월 실적은 2분기 월평균 실적을 초과해 최고 실적을 보였던 2019년 상반기 실적 수준으로 돌려놓았다.

그래서 나는 "신념은 기적을 만든다."라는 말을 좋아한다.

⊙ 성장 동력은 어디서 나오나

전화 주문이나 방문 포장 주문은 2018년과 2019년에 변화가 거의 없어 현 수준을 유지하면 된다고 판단했다. 그리고 앱 주문이 늘어나는 만큼 성장할 수 있다는 확신을 갖고 앱 주문 확대 전략에 집중했다.

<1. 앱 주문과 전화+방문 포장 점유비>

구분	2018년		2019년	비고
	상반기	하반기	상반기	
전화+포장	60%	42%	36%	
앱 주문	40%	58%	64%	

<2. 전화+방문 포장과 앱 주문 건수>

구분	2018년		2019년	비고
	상반기	하반기	상반기	
전화+포장	2,938건	2,832건	2,538건	
앱 주문	1,968건	3,862건	4,447건	
계	4,906건	6,694건	6,985건	

점유비 표만 보면 이해가 쉽지 않을 것 같아 판매 건수 통계 자료를 하나 더 만들었다.

점유비 표를 보면 60%를 차지하던 전화+방문 포장 비율이 36%로 줄어들었다. 단순히 생각하면 총 건수는 같은데 전화+방문 포장 판매 건수가 줄어서 그렇다고 볼 수도 있다. 정확한 건수를 보며 설명해 보겠다.

아래 표를 보면 2018년 상반기에는 전화+방문 포장 주문 건수가 2,938건이었던 것이 2019년 상반기에는 2,538건으로 400건 정도 감소했다. 월평균으로 따지면 67건 감소한 것이다.

반면에 앱 주문은 2018년 상반기에 1,968건이었던 것이 2019년 상반기에는 4,447건으로 2,479건 증가했다. 월평균 건수로 따지면 413건 증가한 것이다.

앱 주문이 전화+방문 주문의 5배 정도 늘어났음을 알 수 있다. 그러니 전화+포장 점유 비율이 60%에서 36%로 줄어들었지만, 절대 건수는 14%만 감소한 것을 생각해야 한다. 이는 앱 주문이 126% 증가했기 때문에 상대적으로 나타난 수치이다.

그럼에도 왜 전화 주문과 포장 주문이 줄었을까 하는 궁금증이 생겼다.

첫째, 전화 주문과 포장 주문을 하던 고객들의 앱 주문 이용률이 증가했을 가능성이 있다.

둘째, 전단지 홍보가 줄어들면서 주문이 줄었을 수 있다.

셋째, 배달 앱이 활성화되고 내가 앱에 홍보 비용을 많이 투자해 나타난 자연스러운 결과일 수도 있다.

결과적으로 전화+포장 주문이 정체인 상황에서 앱 주문량이 늘어 앱 주문 점유율이 64%가 된 것이다.

다행인 것은 전화 주문과 포장 주문의 절대 건수는 기본 수준을 지키면서 앱 주문이 늘어났다는 것이다.

이를 보면서 나는 아파트 우편함 넣는 전단지에 홍보 비용을 투자하지 않고 배달 앱에 홍보 비용을 집중적으로 투자하기로 결심했다. 아파트 전단지 홍보는 홍보 비용을 투자해도 결과가 미약하다는 것을 직접 경험했다. 반면 배달의민족이나 요기요와 같은 배달 앱 홍보는 투자한 만큼 주문이 늘어나는 것을 확인할 수 있었다.

이것이 바로 통계가 주는 힘이고 확신이었다.

⊙ 상대 평가를 통해 상동점의 경쟁력을 키우다

2018년 상반기에 상동점 매출은 회사 평균 수준인 101%였다. 하반기엔 129%로 18% 상승했다. 2019년 상반기에는 회사 평균 대비 140% 규모로, 39%의 차이가 났다.

〈회사 평균 대비 상동점 매출 규모 비교〉

구분	2018년 누계		2019년 누계	비고
	상반기 계	하반기 계	상반기 계	
회사 평균 대비율	101%	129%	140%	

우물 안 개구리처럼 남들이 뛰어가는지, 날아가는지 모르고 있는 것보다 상대를 알아야 나도 긴장할 수 있기에 항상 비교 자료를 축적했다. 프로는 남들보다 한발 앞서면 되는 것이 아니라, 할 수 있는 데까지 최선을 다해야 한다.

이 자료를 기초로 나보다 앞서는 가맹점을 목표로 설정해서 벤치마킹했다. 매출이 앞서는 가맹점 5곳을 선정해 체크하고, 상동점과 비슷한 가맹점 8개를 선정해 분석했다.

〈상동점과 실적 상위 가맹점 상대 비교〉

구분		2018년		2019년
		상반기	하반기	상반기
A 그룹	상위 5개 점	164%	119%	114%
B 그룹	경쟁 8개 점	102%	81%	80%

평가에는 절대 평가와 상대 평가가 있는데, 나는 상대 평가를 통해 우리 매장과 다른 가맹점의 매출을 비교·분석했다.

상동점 매출을 확인하며 앞서가는 가맹점을 타깃으로 비교·관리하면서 매출 상승이 눈에 띄게 나타나는 매장이 있다면 빨리 벤치마킹을 하기 위해서였다.

사실 특징 있는 가맹점을 몇 개 발견할 수 있었다. 매출 개선이 뚜렷한 매장의 정보는 일차적으로 본사 영업팀에 문의하고, 벤치마킹할 내용이 있으면 해당 매장 점장님께 전화해 우리 매장에 필요한 사항을 찾아 반영했다.

A 그룹은 2018년 상반기엔 매출이 상동점 대비 164%까지 격차가 컸지만, 2019년 상반기엔 114% 규모로 격차가 50% 줄었다.

반면 B 그룹 8개는 상동점보다 매출 규모가 조금 크거나 비슷한 곳을 선정해 절대 매출액으로 언제 우리가 우위에 설 수 있는지 체크했다.

예상대로 처음엔 상동점의 102% 규모였으나 2019년 상반기에 상동점의 80% 수준이 되었다. 7개 점이 상동점보다 밑도는 매출을 보였다. 상동점의 매출 규모가 20% 앞선 것이었다.

나는 B 그룹을 보면서 A 그룹과 달리 매출 상승을 위한 전략이 부족하거나 매출 상승을 위해 크게 노력하지 않는다는 인상을 받았다.

⊙ 안정적 기반을 구축하기 위해 고객을 확보하자

인터넷에서 대한민국 국민은 연간 쌀 82kg, 라면 76개, 치킨 20마리, 피자 2.5판을 먹는다는 내용을 본 적이 있다. 1개월에 라면은 6.3개, 치킨은 1.7마리 를 먹고, 피자는 5개월에 1번 정도 먹는 셈이다.

빨간모자피자를 먹어 본 사람이 10,000명이라고 가정하면, 연간 25,000판의 피자를 먹는 것이다. 그러나 여기서 피자를 계속 우리 것만 먹는 것이 아니기 때문에 변수가 생긴다.

우리 것을 한 번 먹어 본 고객이 다시 우리 것을 먹을 확률이 50% 정도라고 가정하면, 연간 12,500판의 피자를 먹게 된다. 1개월에 1,000판이 조금 넘는 셈이다. 매월 1,000판이면 매출로는 최소 2,500만 원에서 3,000만 원 정도 된다.

이렇게 되면 손익 분기점을 넘어서고 안정적인 영업 기반이 확보된다고 생각했다.

매장을 인수한 지 17개월째인 2019년 1월에는 누적 고객 수 10,179명으로 1만 명을 넘어섰다. 2월 초에 이 숫자를 보고 집에 돌아와 맥주 2병을 마셨다.

이젠 고객 관리와 품질 관리만 잘하면 안정적으로 매월 1,000명 이상이 찾는 매장이 된다는 기쁨에 마신 술이었다.

2019년 7월, 22개월 만에 14,213명의 고객을 확보했으니 앞의 계산대로라면 매월 1,480판의 피자를 판매할 수 있다는 계산이 나온다.

그래서 사람들이 빨간모자피자 상동점을 더 많이 이용하게 하기 위해서는 피자를 더 맛있게 만들고, 더 친절하게 고객을 대하고 그들과 신뢰를 쌓아야 했다. 더불어 매장은 더 청결하게 운영해야 했다.

누적 고객 14,213명은 22개월간 12,313명의 고객이 늘어났으며, 매월 560명씩 신규 고객이 늘어났다는 의미이다. 매월 주문 고객을 보면 50% 정도는 기존 고객이고, 50% 정도는 신규 고객이었다.

자영업을 처음 하는 사람이라면 손익 분기점이 되는 고객 숫자를 꼭 염두에 두어야 한다. 아마 업종마다 객단가가 다르겠지만, 거의 비슷하리라 생각한다.

누적 고객 수 10,000명이 확보되는 시점까지는 피눈물 나는 노력이 필요하다. 그래서 나는 감히 이렇게 표현한다.

〈고객 목표점 인원수〉

구분	5,000명	7,000명	10,000명	15,000명
내용	생존 마지노선	손익 분기선	이익 확보선	안정 기반 확보선

대부분의 자영업자가 고객 수 5,000명이 확보되는 9~10개월을 못 넘기고 포기하는 이유가 여기에 있다.

어떤 매장은 6개월 만에 5,000명을 넘기는 곳도 있다. 이런 곳을 우리는 "목을 잘 잡았다."라고 흔히 말한다.

그래서 이익 확보선인 고객 10,000명은 매우 중요한 의미이다. 고객 15,000명은 자영업 성공으로 가는 첫 관문이라고 생각하면 된다.

⊙ 대한민국은 이미 레드오션이다

업종별 매장 수를 보면 우리나라의 자영업 경쟁이 얼마나 치열한지 알 수 있다. 인터넷을 검색해 2018년 통계 자료를 나열해 보았다.

〈2018년 대한민국 업종별 매장 수〉

구분	피자	커피숍	치킨	편의점	인구
매장 수	10,000개	80,159개	87,000개	40,192개	5,185만 명 (2018년)
매장당 인구수	5,185명	647명	596명	1,290명	

※ 출처: KB금융지주 경영연구소 2019년 2월.

피자, 치킨 같은 경우는 둘 다 판매하는 경우가 있어서 정확히 매장 수를 추산하기 어려운 면이 있음을 감안해야 한다.

자료에서 보이듯 커피숍은 인구 647명당 1개, 치킨 전문점은 596명당 1개, 편의점은 인구 1,290명당 1개이다. 그러니 자영업 매장이 얼마나 많은지 생각해 보라. 그래도 피자는 커피숍, 치킨, 편의점보다는 매장 수가 적은 편이다. 우리나라는 피 터지게 싸워야 하는 레드오션 시장이다.

여기서 중요한 자료 두 가지를 일본과 비교해 보자.

〈한국:일본 주요 매장 비교〉

구분	스타벅스 매장		편의점		인구(2018년))
	일본	대한민국	일본	대한민국	
매장 수	1,286개	1,231개	56,160개	40,192개	대한민국: 5,185만 명 일본: 1억 2,700만 명
매장당 인구수	98,755명	42,120명	2,261명	1,290명	

※ 일본 출처: 스타벅스-코브스리서치, 편의점-연합뉴스 기사.

일본은 우리보다 국민 소득도 높은 나라인데 매장당 인구수가 2배 이상 많다. 바꿔 말하면 우리나라에서 자영업을 하는 것은 일본에서 하는 것보다 2배 이상으로 경쟁이 치열하다는 의미이다.

흔히 언론에서 전 세계에 있는 스타벅스 매장이 30,000여 개이고 맥도날드 매장은 36,000여 개인데 그에 비해 우리나라에는 치킨집이 더 많다고 얘기하는 것을 보았을 것이다.

그래서 소자본으로 자영업에 뛰어들기 위해서는 철저한 준비가 필요하다.

세상에 "공짜와 비밀은 없다."라는 말이 있다. 우리가 창업할 때 전문가나 경험자와 상의해야 하는 이유이다.

요즘 유행하는 <골목식당>이라는 프로그램에 "자영업하는 사람들은 통계가 생명이다."라는 말을 들었다. 통계는 자영업을 해나가는 데 정말 소중하다.

그래서 앞에서 말한 바와 같이 "숫자로 계획을 세우고, 숫자로 관리하고, 숫자로 결과를 만들어라."라는 나의 철칙을 다시 한번 강조한다. 숫자를 곰곰이 들여다보면 그 속에 답이 있고, 전략이 있다.

꿈을 꾸며 돌린 전단지 10만 장

앞에서 말한 바와 같이 상동점만의 전용 전단지를 만들어 사용했다. 이제 남은 숙제는 이 전단지로 부천의 많은 가망 고객을 찾아 홍보하는 것이었다.

우리는 흔히 영업은 '족(足)의 철학'이라고 한다. 나는 2017년 10월부터 무조건 전단지를 들고 현장으로 나갔다. 어떻게 10만 장을 배포했는지 지금부터 현장감 있게 전해 보려고 한다.

군대 5분 대기조처럼 전단지를 곳곳에 넣고 다녔다. 틈만 나면 전단지를 뿌렸다.

먼저 전단지를 배포할 때 몇 가지 원칙을 정했다.

먼저 평일 14시부터 17시까지 지역을 정해 배포하기로 했다. 상동점 매장을 기준으로 반경 500m 이내는 1개월에 1번, 1.5㎞ 이내는 2개월에 1번, 2.5㎞ 이내는 3개월, 즉 분기에 1번 방문하기로 했다.

1주일에 5일이면 하루에 500장에서 700장 정도는 배포가 가능했다.

상가 건물 맨 위층에 올라가 아래로 내려오면서 전단지를 배포한다. 맨 처음 방문할 때는 "강남에서 27년 된 빨간모자피자입니다."라고 멘트를 했다.

매일 상가 건물 7~10개 정도를 다닌다고 생각하면 쉽게 이해될 것이다. 다시 말해, 매일 63빌딩 높이 정도를 다닌 것이다.

상가 건물을 매일 돌면서 많은 것을 얻었고, 많은 것을 느꼈다. 가장 크게 얻은 것이 건강이다. 매일 2만 보 정도를 걸은 것이 건강에 얼마나 도움이 되었는지 모른다. 거기다 직장에 다닐 때와 달리 술도 마시지 않으니 일석이조의 효과가 있었다.

상동역 부근은 매월 1회씩 방문하기로 했으나, 사실 매월 방문하지는 못하고 2017년에서 2018년 사이 1년간 7회 정도 방문한 것으로 기억한다.

그리고 소풍 터미널 너머 중동 상가 지역은 3개 구역으로 나누었다. 부천시청 앞 맞은편 길주로 주변 상권은 매우 좋은 시장으로, 병원과 학원이 많아 피자를 좋아하는 연령층의 사람도 많았다. 중앙 공원 주변은 주로 오피스텔이 많아 최고의 피자 소비자가 거주하는 지역이었다. 중1동 끝부분은 금융권 회사가 많이 있어 단체 주문이 많이 들어왔다.

그리고 거리가 조금 떨어진 곳 중에서는 송내역 부근이 엄청나게 좋은 상권이었다. 물론 전철 7호선 개통 이후 전철 1호선 라인은 유동 인구가 절반 이하로 줄면서 상권이 눈에 띄게 무너졌다. 송내역 앞도 유동 인구가 줄었긴 했지만, 여전히 커다란 상권임은 분명했기 때문에 2.5㎞ 이내의 타깃 시장으로 선정해 방문했다.

반대편으로 3㎞ 넘게 떨어진 지역이지만 삼정동의 국민차매매단지와 약대동의 쌍용테크노파크도 집중적으로 방문했다.

상1동에서는 DY카랜드와 부천 오토프라자도 타깃 시장으로 관리했다.

서울 외곽 순환 고속 도로 너머 부평 지역도 또 하나의 큰 시장이었다.

창업 후 처음 4개월간은 시장이 잘 보이지 않았지만 2018년이 되면서 시장이 보였다. 시장이 보이니 자신감이 생기고, 자신감이 생기니 전보다 일이 많아진 기분이 들었다. 그게 스스로 위안이 되어 마음의 안정도 찾았다.

몸은 하나인데 할 일은 많았다. 옛날 대우그룹 김우중 회장의 말처럼 "세상은 넓고 할 일은 많다."라는 말이 머릿속을 스쳐 갔다.

상동역 부근의 상가는 정말 여러 번 방문해 나중엔 사람들이 먼저 "또 오셨네요."라고 인사를 했다. 그 덕에 나도 자연스럽게 방문할 수 있었다.

그렇게 단골이 하나둘씩 늘어났고, 그중에서 이든배움학원, 정율사관학교와 같이 정기적으로 단체 주문을 하는 곳도 많아졌다.

단체 주문은 아니지만, 병원에서도 주문이 많이 늘어나 단골이 늘어나는 것을 피부로 느낄 수 있었다.

상가 방문을 오후 2시에서 5시 사이에 하는 이유가 몇 가지 있다.

첫째, 상가 방문이 가장 용이한 시간이다.

오전부터 방문하면 상가는 문을 열지 않은 곳이 너무 많다. 특히 학원 같은 경우엔 대부분 오후 2시 이후에 여는 곳이 많다. 물론 대형 학원은 오전부터 열기도 한다. 노래방, 바(bar) 같은 경우는 오후

5시에도 아직 열지 않은 곳이 많다. 게다가 문을 열어도 오전에 전단지를 들고 가면 싫어하기 때문에 조심해야 한다.

둘째, 내가 영업하기 가장 좋은 시간이기 때문이다.

점심시간을 전후해서 피자 주문이 들어오기 때문에 2시부터 5시까지가 제일 한가한 시간이다. 다른 직장에서도 오후 2시에서 5시 사이를 어떻게 보내느냐에 따라 인생이 바뀐다고 말한다.

어떤 직장이든 오전에 출근해서 열심히 일하고 점심을 먹고 나면 오후에는 나른해지기 마련이다. 다른 부서의 동료들과 커피도 한잔하고, 담배를 피우며 얘기도 하고, 저녁에 술 한잔하자고 약속을 잡는다. 일반적인 직장인들의 시간 관리이다.

특히 영업 사원의 경우, 2시에서 5시 사이가 땡땡이치기에 가장 좋은 시간이다. 그리고 사무실로 돌아가기 전에 고객과 약속이 있는데 한 군데 눌러앉아 이야기하다 보면 어느새 사무실에 돌아갈 시간이 된다. 우리는 이런 걸 보고 일을 하는 척한다고 한다.

일을 제대로 하는 사람과 하는 척하는 사람은 얼핏 봐서는 티가 나지 않는다. 그러나 결과는 엄청나게 차이가 난다.

피자 매장 운영도 마찬가지이다. 오전 10시 30분에 출근해 준비하고, 11시가 되면 영업을 시작한다. 2시까지 오전 영업을 하고 나면 금세 오후 2시가 된다. 바쁘게 점심식사를 하고 나면 나도 사람이기에 나른하고 피로가 몰려올 때가 많다.

그러면 상가 영업을 나가기 힘들어 망설이는 경우도 있다. 이런 것을 극복하고 현장에 나가서 정신없이 홍보를 하면 시간도 잘 가고 오히려 의욕이 생긴다. 홍보 전단지를 돌리는 와중에도 내가 영업한 곳에서 주문이 들어오는 경우가 많았다. 이때의 기분은 정말 짜릿했다.

이렇게 꼬박 15개월을 하고 나니, 대략 전단지 10만 장을 돌렸다는 계산이 나왔다. 원미구 5층 이상 상가 건물 대부분을 돌았다. 아니, 훑었다고 표현해야 더 적절할 것이다.

그런데 나처럼 주인이 직접 영업을 하는 경우는 거의 없다. 오히려 남들이 하지 않기 때문에 효과가 더 클 수도 있다고 생각했다.

다른 배달업 주인들은 돈을 주고 오피스텔에 전단지를 붙이는 정도가 전부였다. 그런데 남이 붙이는 것과 주인이 붙이는 것이 홍보 효과에서 차이가 나는 걸 보면 정말 신기하다. 아마 고객도 전단지에서도 묻어나는 정성을 느낀 모양이다.

이렇다 보니 사실 계절이 바뀌는 것도 모르고 보냈다. 봄이 오고 4월, 5월에는 주말마다 상동 호수 공원과 중동 중앙 공원을 찾아가 전단지를 돌렸다. 서울 강남의 잠원점은 날씨가 풀리면 한강 둔치에서 엄청난 양의 주문이 들어오는 걸 알았기 때문이다.

서울에서 저렇게 주문이 밀려들면 나도 못할 게 없다는 생각이 들어 전단지를 들고 호수 공원을 찾았다. 상동 호수 공원에 가 보니 중국집, 치킨 가게에서 이미 전단지를 매주 뿌리고 있었다. 피자 전단지를 돌리는 사람은 나밖에 없어 다행이었다.

전단지를 돌리는 시간은 30분이면 된다. 서쪽 텐트촌과 1~2주차장 근처에 그늘진 곳이 2곳이 더 있다. 여기에 대략 100~150장 정도 뿌리면 끝난다.

가게에 돌아오면 그래도 의리 있게 주문이 하루에 1~2건은 들어왔다. 최고로 많이 들어온 날은 2018년 5월 5일 어린이날로, 5건이 들어왔다.

아마 잠원점이 한강에서만 하루에 70~100건 정도 주문이 들어오는 것에 비하면 조족지혈일지도 모른다. 그러나 나는 이 몇 건이 나에게 용기를 주고, 지루함을 달래 주었으며, 활력을 주었기에 그 이상의 의미를 가진다고 생각했다. 무척 흐뭇했고, 땀의 대가를 알아주는 부천시민들과 부평구민들에게 고마웠다.

그리고 얼마 지나지 않아 전화 주문이 왔다. 호수 공원에서 먹고 너무 맛있어서 집에서 주문한다는 것이다. '바로 이것이 꼬리영업 이구나.' 하고 실감했다.

그러나 중앙 공원에서는 호수 공원보다 주문량이 더 적었다. 중앙 공원은 주변 아파트 단지에서 잠깐 운동하러 나온 사람들이 대부분이라 그렇지 않았나 싶다.

사실 공원이나 유원지에서 전단지 영업을 하는 것은 불법이다. 그래서 마음 편히 살려고 저녁 9시경에 호수 공원을 다시 찾아 내가 뿌린 전단지를 전량 수거해 왔다.

저녁에 비가 오거나 주문이 많은 날에는 수거하러 가지 못한 경우도 있었다. 그럴 때는 다음 날 아침에 가서 반드시 수거해 왔다. 이렇게 하면 무엇보다 내 마음이 편했다.

아파트는 우리 매장을 중심으로 상1동 1만 세대, 상2동 1만 3천 세대, 상3동 1만 3천 세대가 주요 타깃이었다. 그래서 아파트 1층 전단지 함에도 홍보비를 주고 전단를 넣었고, 그것과 별도로 내가 직접 아파트 문에도 전단지를 붙였다.

오픈 초기인 2017년에는 상가 홍보보다 아파트에 전단지를 붙이는 데 집중했다. 복도식 아파트가 전단지를 붙이기에 가장 수월했다. 1층 문이 잠겨 있지 않아 들어가기도 수월했다.

처음에는 잘 모르니 뭣도 모르고 열심히 붙였다. 뒷일은 생각도 못 했다. 어느 날 열심히 전단지를 붙이고 매장에 돌아왔더니 아파트 경비 아저씨들에게 전화가 왔다. 앞으로 또 붙이면 경찰에 신고하겠다고 했다.

알고 보니 복도식 아파트에는 나처럼 전단지 붙이는 사람이 많아 이를 보면 경비실에 신고하라고 입주민들에게 교육이 잘 이루어져 있다고 한다. 이 사실을 전혀 몰랐으니 할 수 있었지, 막상 알고 나니 발걸음이 잘 떨어지지 않았다.

계단식 아파트는 1층 출입문 비밀번호를 몰라 들어갈 수가 없었다. 영화처럼 위장 침입을 해야 했다. 밖에서 기다렸다가 주민이 들어가거나 나올 때 잽싸게 들어갔다.

배달 가방 속에 피자 대신 전단지를 넣고 꼭대기 층에 올라가 아래로 내려오며 전단지를 붙였다. 피자 가방을 안 가지고 갔다가 경비원에 걸리면 변명하기가 어렵다.

요즘 아파트는 계단마다 문이 있어 불편하기 짝이 없다. 여닫는 소리가 시끄러울 수 있어 살짝 문을 열고 아래층으로 내려가야 했다. 이따금 엘리베이터에서 내리는 사람이나 집에서 외출하려고 나오는 사람과 마주치는 경우가 종종 발생했다. 사실 엄청난 죄를 지은 건 아니지만, 놀랄 수밖에 없었다.

이렇게 아파트 전단지 홍보는 9개월 정도 한 것 같다.

아파트 외에는 오피스텔이 노다지 시장이다. 내가 누구인가, 그 기회를 놓칠 수 없었다. 오피스텔은 보통 150세대에서 많게는 600세대 정도 규모이다. 아파트와는 달리 거주하는 연령은 20대가 가장 많다. 아파트에 비해 10배가 넘는 가망 고객이 한 층에서 나를 기다리고 있는 것이다.

정말 열심히 붙였다. 상동에는 굿모닝오피스텔, 디아뜨갤러리 4차, 스타팰리스, 리파인빌 등 큰 규모의 오피스텔이 있고, 중동에는 더 많은 오피스텔이 즐비하다. 중동은 200세대 이상 되는 오피스텔이 수십 개가 넘을 정도여서 아마 중1동은 부천에서 피자 소비량이 제일 많은 지역이다.

이곳 오피스텔도 2~3회 정도 전부 전단지를 붙였다. 다행히 경비로부터 경고성 전화를 받은 것은 5회 정도였다. 내가 성공하기 위해서는 경고 전화 몇 통은 문제가 되질 않았다.

후회 없이 최선을 다하면 그 대가는 반드시 돌아온다는 확신을 갖고 뛰었던 것 같다. 그래서 나는 단순하게 앞만 보고 달렸다.

그리고 또 하나의 시장은 송내역 앞으로, 이곳도 오피스텔이 많이 모여 있다. 우리 매장에서 2.5㎞ 정도 떨어져 거리도 적당하고 배달 시간도 빨라 나에게는 더욱 좋은 시장이었다.

송내역 앞에는 대명앤스빌 1, 2차와 대우마이빌 같은 오피스텔이 15개 정도 있다. 그러나 지하철 7호선이 생기면서 송내역 상권 및 유동 인구가 50% 이상 줄어 이곳도 쓸쓸할 정도로 유동 인구가 적었다. 예전의 송내역 모습이 아니었다.

그래도 법원이 있고 어느 정도 상권은 유지되고 있었기에 소홀히

할 수 있는 곳은 아니었다. 송내역 앞은 교통이 좋아 보험 회사와 법인 보험 대리점(GA)이 많다. 핀셋 공략으로 잘만하면 단체 주문이 나올 곳도 꽤 많았다.

지금까지의 내용을 정리해 보면 오피스텔 시장은 상동역 부근, 중1동, 송내역 부근이 전체의 90%를 차지한다. 시간이 지나면서 오피스텔만을 타깃으로 하고 전단지를 붙여 효율성을 극대화했다. 이렇게 하다 보니 매월 평균 600명 정도의 신규 고객이 늘어났다.

2년이 지난 2019년 7월에는 상동점의 누적 고객이 1만 4천 명이 넘었다. 한 명, 한 명이 나의 땀의 결실로 모여 마침내 1만 4천 명이 되었다고 생각하니 이 숫자에 애정이 갔다.

상가 공략, 오피스텔 공략, 호수 공원과 중앙 공원 공략에 이어서 마지막으로 찾은 곳이 중고 자동차 매매 시장이었다. 큰 규모의 시장 2곳이 있음을 뒤늦게 알고 그곳을 공략하기로 마음먹고 2개월 단위로 전단지를 돌렸다.

국민차매매단지에는 250개, 오토프라자에는 50개, DY카랜드에는 200개 정도의 사무실이 있다.

자동차 거래와 중개 업무를 하는 사람들은 나이가 젊어 피자 소비층과 연령이 맞아떨어진다는 것을 직감하고 최선을 다해 이곳을 관리했다.

국민차매매단지를 방문하다 보니 부천테크노파크와 쌍용테크노파크라는 아파트형 공장이 눈에 들어왔다. 아파트형 공장을 본 순간, '이런 노다지를 왜 지금 알았지.'라는 생각에 흥분을 감출 수 없었다.

추석 때 중소기업은 특근을 많이 하니 추석 연휴 전에 전부 전단지를 붙이기로 마음먹었다. 3일간 정말 혼신을 다해 공단 전체에 전단지를 붙였다.

대략 부천테크노파크 1,000장, 쌍용테크노파크 1,000장 정도를 붙였다. 그곳에서 근무하는 사람들은 선물을 들고 고향으로 향하는데, 나는 전단지를 붙이고 있던 것이다.

그러나 결과는 매우 차가웠다. 원인을 생각해 보니 테크노파크에 근무하는 사람들은 중장년층이고 법인 카드도 없어 수요 계층이 아니었다.

서울 구로디지털밸리는 벤처 기업들이 있어 피자 수요가 많은 반면, 부천의 테크노타워는 제조형 공장이 대부분이어서 간식을 먹을 만큼 여유가 없었다. 나는 이 사실을 얼마 후에 알았다.

그래도 부천테크노파크에서 3곳, 쌍용테크노파크에서도 3곳 정도 단골이 생겼다.

배포한 전단지에 비해서는 적은 결과지만, 그래도 6곳 정도의 단골을 찾은 것만도 얼마나 행복한 일인가.

그중에서도 진성 단골은 닥터김의원이라는 병원이다. 매월 1회 정도는 정기적으로 우리 매장에서 피자, 치킨, 스파게티를 시켰다. 그럼 나는 꼭 서비스를 주었다.

벤처 기업과 아파트형 공장은 아무리 노력을 해도 소비에 한계가 있다는 것을 실감했다.

종합해 보면, 피자 영업은 기본적으로 아파트에서 매출이 나온다. 나는 여기에 추가로 상가, 오피스텔, 학원, 병원을 공략해 지금의 상동점을 만들었다. 15개월간 전단지 10만 장이 가져다준 행복은 영원히 잊지 못할 것이다.

타깃 시장에 집중하라

나는 법인 카드를 쓰고 단체 주문을 할 수 있는 곳을 타깃 시장으로 설정했다.

⊙ 단체 주문이 가능한 금융권을 공략하자

마케팅은 업종에 상관없이 과정은 거의 비슷하다고 생각한다. 기본적으로 안정적인 매출의 기반이 되는 시장과 그날그날 매출을 상승시킬 수 있는 시장을 가져야 한다는 생각이 들었다.

앞에서 말한 것처럼 단체 시장으로 생각했던 테크노파크라는 큰 공단이 피자 시장에서는 깡통이나 다름없다면, 어디를 공략해야 할까?

바로 금융권, 스크린 골프장, 유치원, 학원, 병원이었다.

금융권은 크게 은행, 보험, 증권으로 나뉜다. 먼저 보험 회사를 제1차 타깃으로 잡았다. 은행을 그다음 타깃으로 잡았다.

보험은 인지(人紙) 산업으로 사람이 많이 모여 일하는 곳이다. 내가 가장 잘 알고 있는 시장이기에 자신감도 있었다.

그래서 하루는 날을 잡아 방문 목록을 만들고 방문 자료도 철저히 준비했다. 내용을 소개하면 다음과 같다.

〈금융권 방문 편지〉

안녕하십니까?
저는 지난 8월에 퇴직하고 9월 18일부터 '빨간모자피자 상동점'을 운영하게 된 신재규입니다. 금융권에서 33년, 서울 지역에서 사업단장으로 근무하다 퇴직하고 제2막 인생에서 과감하게 업종을 변경하였습니다. 오픈 후 지난 4주간 긴 연휴도 쉬지 못했지만, 매출이 상승하니 시간이 빠르게 가더군요. 또 새로운 일에 도전하다 보니 열정도 생기고 삶의 활력도 생겨 다소 젊어진 기분입니다. 오늘은 저와 조금 관련이 있는 금융권에 계신 분들을 찾아 방문 인사를 드리려고 계획을 잡았습니다.

빨간모자피자는 강남권(강남, 서초, 송파, 강동)에서 25년간 맛으로 인정받은 피자 맛집입니다.

1. **이탈리아산 올리브오일과 천일염을 넣고 반죽한 이탈리안 도우로 쫄깃하고 담백합니다.**
2. **덴마크산 냉장 치즈를 사용하여 치즈 맛이 담백하고 기름지지 않아 좋습니다.**
3. **셀러리가 들어간 수제 피클로 맛이 아삭하며 국내산 신선 채소로 만듭니다(매장에서 직접 담급니다).**
   ⇨정말 피자의 새로운 맛을 느끼실 수 있을 겁니다.

금융권의 치열한 경쟁 속에서 승승장구를 기원하며 근무 시 간식이나 특근 시 '빨간모자피자' 이용을 부탁드립니다. 저도 금융 기관에 계신 분들이 단체 주문 시 추가 서비스해 드리겠습니다. 부천 대부분 지역에 배달이 가능하며, 맛으로 승부하고 맛으로 보답하겠습니다. 서울 강남에서 25년 맛으로 인정받은 '빨간모자피자', 자신 있게 추천합니다. 한번 드셔 보세요. 그리고 평가해 주세요. 단골 VIP로 모시겠습니다.

이번 10월 16일에서 11월 30일까지 빨간모자피자 상동점만의 파격적인 BIG 이벤트를 실시합니다.
'방문 포장 40% 할인'
'배달 30% 할인'
파격 BIG 이벤트에 많은 참여 부탁드립니다.

환절기에 건강 조심하시고 가정의 행복을 기원드립니다.
감사합니다.

2017. 10. 20
빨간모자피자 상동점 신재규 드림

지금은 처음 해 보는 자영업이라 매출을 빨리 정상화시키고 싶어 과거를 팔아 홍보를 한 게 아닌가 하는 생각도 들지만, 당시에는 이것도 내가 할 수 있는 홍보 전략의 하나라고 생각했다.

원미구에 있는 은행 지점과 생명 보험 건물 주소지를 파악하고 내가 알고 있는 보험 법인 대리점(GA)까지 방문 범위를 넓혔다.

어림잡아 은행 지점은 40~50개, 생명 보험과 손해 보험 지점이 200여 곳이었다. 특히 보험 회사 중에는 삼성생명, 한화생명, 교보생명, 신한생명, 동양생명, 흥국생명 지점이 방문 대상이었다.

아마 보험 법인 대리점(GA)도 50개 정도의 사무실을 방문했을 것이다. 보통 전단지를 놓고 가면 보지도 않고 치우거나 "여기는 오지 마세요."라고 냉랭하게 대하는데, 대봉투에 편지와 전단지, 할인권을 같이 넣으니 쉽게 버리지 않았다.

아마 궁금해서라도 읽어볼 거라고 확신했다.

반응은 기대 이상이었다. 금융권은 주로 금요일에 마감이 있어 특근에 간식을 많이 시킨다. 금요일이 되자, 가장 먼저 씨티은행 중동 지점에서 주문이 들어왔다. 삼성생명과 한화생명의 몇 개 지점에서도 주문이 들어왔다. 대박이 난 것이다.

역시 법인 카드를 쓰는 곳에서 단체 주문이 들어올 것이라는 예상이 적중했다. 그래서 자신감을 얻어 부평 지역까지 금융권 방문을 확대했다.

부평도 예상치 못한 대박이 났다.

KB국민은행 본부장님이 산하 12개 지점에 피자 4판씩을 전부 쏜 것이다. 피자 가게에서 이런 단체 주문은 1년에 몇 번 없는 일이다.

KB국민은행 본부 차장님이 우리 피자를 먹어 보고 자신 있게 추천했고, 내가 생명 보험 사업단장을 하던 사람이라는 것을 알고 한번 밀어주려고 단체 주문을 했다고 했다.

나는 1주일 후 방문해 감사 인사를 드리고 피자 무료 쿠폰 2장을 드리고 왔다. 이렇게 영업하고 배달하느라 바쁜 게 정말 좋았다.

그리고 직장에 다닐 때 1주일에 4일 이상 술을 마시던 것을 안 마시니 금세 몸무게가 7kg이나 빠졌다. 몸도 가벼워져 젊어진 느낌이 들었다. 돈 주고도 못 사는 큰 행복이었다.

이런 일이 있고 1달가량 지나서 현대해상 부천 지점에서 단체 주문이 들어오더니 맛이 좋다며 지금은 최고의 단골이 되었다. 그리고 송내역 앞에 메리츠화재 TM(텔레마케팅) 영업을 하는 곳에서도 이따금 단체 주문이 들어왔다. 단체 주문 중에서도 10판 정도니 매우 큰 주문이었다.

빨간모자피자의 가장 큰 무기는 맛에 대한 자신감이었다.

보험 영업을 하는 곳 중 기억에 남는 세 분이 있다.

글로벌금융 MP 상무이신 기현정 상무님이 부천에 와서 지점을 방문하면 꼭 빨간모자피자를 시켜 주는 것이었다. 나와는 퇴직 전 업무상 인연이 있긴 했지만 이렇게 관심을 가져 주는 분들은 많지 않았다. 그래서 더욱 고마웠다.

그리고 글로벌금융하나 김윤홍 대표님도 나와 업무적으로 인연이 있었고 워낙 의리에 죽고 의리에 사는 스타일이라 2017년 크리스마스 며칠 전에 크게 지점에 한턱 내 주었다.

같이 근무했던 과거 동료들의 이런 관심은 또 다른 감정을 느끼게 해 주었다.

업무적으로 서로 주고받은 게 많았어도 퇴직하자마자 전화를 받지 않는 사람도 있었다. '하물며 한 사람의 손가락도 길이도 다 다른데, 어찌 다른 사람의 생각이 나와 같을 수 있겠나.'라고 생각하면서도 퇴직 전과 다른 모습을 생각하면 마음에 허전함이 잠시 머물렀다.

아마 먼저 퇴직한 다른 선배들도 이런 인간적인 공허함을 극복하고 일어섰을 것이라는 생각이 든다.

이렇게 2017년이 지나고 2018년에는 지금부터 전관예우, 즉 과거에 같이 근무하던 동료들이 방문해 주거나 아니면 주문해 주기를 기대하지 말자고 다짐하고 잊어버리기로 결심했다.

그런데 어느 날, 퇴직 전에 같이 근무하던 이준화 단장께서 나보다 2개월 뒤에 퇴직하고 타 보험사에 사업단장으로 근무하고 있다고 했다. 그러면서 부천 지역 보험 법인 대리점(GA)을 방문하면서 독려 차원에서 몇 곳에 피자를 보내 주었다.

음식은 맛이 있으면 또 시킬 수밖에 없다. 이들이 사무실에서 시키고, 집에 가서 주말에 가족들과 함께 먹고, 주변 사람들에게 소개해 주면 그 이상의 효과는 없다. 이렇게 금융권 공략은 초대박이라는 결과를 얻었다.

⊙ 최고의 피자 선호 계층이 있는 곳을 공략하라

피자는 젊은이들과 어린이들이 매우 선호하는 음식으로, 단체 주문도 가능한 음식이라는 사실은 굳이 말할 필요가 없다.

맛에 대한 확신도 있었고 소화가 잘되는 특징이 있기에 확신을 갖고 학원과 유치원을 타깃으로 설정했다.

거기에다 병원은 간호사들이 업무 특성상 자리를 자주 비우기 어려워 종종 배달 음식을 찾을 것으로 보고 타깃으로 설정했다.

학원이나 병원은 특별히 공략 시기를 두고 홍보하지 않았지만, 유치원은 입학 시즌인 3월과 가정의 달인 4월 말과 5월 초에 집중적으로 홍보했다.

이곳도 기대 이상의 효과를 얻었다.

원미구에 있는 100여 곳 되는 어린이집과 유치원을 3일에 걸쳐 방문했다. 특히 어린이집은 아파트 1층에 위치하는 경우가 많고, 아파트 단지별로 2~3개씩은 꼭 있다. 여기에서 주문한 뒤 집에 가서 아이들이 빨간모자피자를 시켜 달라고 하면 부모는 아이들의 의견을 들어 주기 마련이다.

이렇게 피자 마니아층을 넓혀 갔다.

병원은 순천향병원과 다니엘병원 정도가 대형 병원이었고 홍보 방법이 마땅치 않아 앱을 통해서 홍보하기로 하고 병원 위치에 앱 깃발을 꽂았다.

아래 편지는 어린이집과 유치원을 방문할 때 작성한 것이다. 빨간모자피자가 어린이들에게 왜 좋은지를 집중적으로 홍보했다.

〈학원, 유치원 공략 시 편지〉

안녕하십니까?
저는 '빨간모자피자 상동점'을 운영하는 대표 신재규입니다.
금융권에서 33년 동안 근무하고 2017년 사업단장으로 퇴직 후 빨간모자피자를 운영하고 있습니다.
가게 운영 후 좋은 품질과 영업 활동 결과로 매출이 몇 배 성장했습니다.
특히 학원, 병원, 유치원, 금융권에서 단체 주문이 눈에 띄게 늘었습니다.
이는 짜거나 기름지지 않고 자극적이지 않은 웰빙 피자의 효과이지 않나 싶습니다.

빨간모자피자는 강남권(강남, 서초, 송파, 강동)에서 26년간 맛으로 인정받은 피자 맛집입니다.
1. 덴마크산 냉장 치즈(냉동이 아닌)를 사용하여 치즈 맛이 담백하고 기름지지 않아 좋습니다.
- 피자에 가장 많이 쓰는 '모차렐라치즈'→최고의 낙농 국가인 덴마크산 사용.
2. 이탈리아산 '올리브오일'과 천일염으로 반죽한 이탈리안 도우는 쫄깃쫄깃합니다.
- 대두유가 아닌 이탈리아산 올리브오일→부드럽고 소화도 잘됨.
3. 셀러리가 들어간 수제 피클로 맛이 아삭하며 국내산 신선 채소로 만듭니다
- 셀러리+무+오이를 삼산 농산물도매시장에서 구입하여 상동점에서 직접 만듭니다.
4. 최상급 채소(양파, 홍피망, 청피망)를 농산물도매시장에서 구입하여 사용합니다.

한번 드셔 보세요. 정말 맛의 차이를 느끼실 수 있을 겁니다.

빨간모자피자는 TV 홍보를 하지 않고 가격에 거품을 빼고 이렇게 직접 홍보를 드립니다.
'방문 포장 30% 할인', '배달 10% 할인' 제도를 운영하고 있습니다.
상동점에서는 타점에서 실시하지 않는 '평일점심특선'을 운영하고 있습니다.
- 시간: 평일 오전 11시~오후 3시
- 결제 금액: 2만 원↑ 브라우니, 2.5만 원↑ 치킨텐더, 3만 원↑ 치즈 볼로네제 스파게티 서비스
특히 단체 주문은 사전에 예약하시면 편리합니다.

세상에 공짜와 비밀은 없듯이 맛으로 승부하고 맛으로 보답하겠습니다.
서울 강남에서 26년 동안 맛으로 인정받은 '빨간모자피자', 자신 있게 추천합니다.
환절기에 건강 조심하시고 가정의 행복을 기원드립니다.
감사합니다.

빨간모자피자 상동점
신재규 드림

역시 여기도 성공적이었고, 꾸준히 주문이 들어왔다.

시장성이 좋아 잘나가는 다른 매장과는 달리 나는 부천 원미구에서 주어진 여건 속에서 내가 할 수 있는 모든 방법을 동원했다. 금융권, 학원, 병원, 어린이집, 유치원 공략에도 4개월 정도 소요되었지만, 그 덕에 다수의 단체 주문 시장을 확보했다.

여기서 단체 주문을 받기 위해서는 법인 카드를 쓰는 곳을 공략해야 한다는 진리를 다시 한번 확인할 수 있었다.

⊙ 엘리베이터는 최고의 영업 공간이다

엘리베이터 안에서의 영업 노하우를 가르쳐 준 분도 역시 나의 멘토인 구로점 대표님이다.

구로점 대표님은 나처럼 오랜 기간 직장 생활을 했고, 피자 매장을 운영한 지 10년 된 베테랑이다. 그래서 자주 전화도 했고 어려운 일이 있으면 부탁도 많이 했다.

어느 날 대표님은 내게 팁을 하나 주었다. 바로 엘레베이터 안에서 영업하라는 것이었다.

바로 실천해 봤다. 이 또한 효과 만점이었다.

나는 배달 시 항상 허리에 전대를 차고 다녔다. 항상 여기에 필요한 것을 가지고 다녔다.

전대 속 물품을 소개하자면 카드 단말기 용지, 현금 약간, 전단지 등이다. 카드 단말기 용지는 현장 결제 시 기기의 용지가 언제 떨어질지 몰라 고객에게 불편을 주지 않기 위해 항상 여분으로 1개씩 가지고 다닌 것이다. 그 덕에 용지가 떨어져 배달지에 2번씩 간 적은 없다.

현금 결제는 처음부터 현금으로 계산하겠다고 하기 때문에 잔돈을 복주머니에 챙겨 가서 계산하면 된다. 그러나 카드로 계산한다고 했다가 막상 배달을 가면 현금으로 계산하는 분도 종종 있기에 현금은 항상 준비해 다니는 것이 마음이 편하다.

5천 원짜리 1장, 천 원짜리 5장, 500원짜리 동전 하나, 100원짜리 동전 5개를 항상 넣고 다녔다.

카드로 계산하든, 현금으로 계산하든 항상 준비가 되어 있으면 고객에게 불편을 줄 일이 없다. 이것도 하나의 서비스라고 생각한다.

전단지는 20장 정도는 항상 가지고 다녔다. 하지만 엘리베이터에 여러 명 있을 때는 절대 영업을 하면 안 된다. 시끄럽게 하는 건 예의가 아니며 영업적 효과도 없기 때문이다.

영업을 할 때는 2명 정도 탔을 때가 효과적이다.

조용하고 어색하게 10초를 가는 것보다 그 10초를 대화하며 올라가는 것이 분위기도 더 좋다.

1층에서 나와 단둘이면 먼저 전단지 한 장을 주며 "빨간모자피자 드셔 보세요."라고 딱 한 마디만 한다. "올리브오일로 반죽해 소화가 잘되고, 덴마크산 모차렐라 치즈라 맛이 다르며, 강남에서 27년 된 토종 브랜드입니다." 이런 말을 덧붙이면 "다음에 시킬게요."라고 말하는 사람이 대부분이다.

그리고 실제로 주문하는 사람도 많다. 어떨 때는 내가 매장에 돌아오기도 전에 주문하는 경우도 여러 번 있었다.

그러나 내려오는 엘리베이터에서는 전단지를 주면 안 된다. 약속이 있거나 학원에 가기 때문에 줘도 버리고 가는 상황이 발생한다.

그래서 엘리베이터에서의 영업은 올라가는 엘리베이터에서 해야 하고, 집에 가는 사람에게만 해야 한다.

유명한 의사는 필요한 환부만 도려내듯이, 영업도 전체 시장을 공략할 곳과 핀셋으로 공략할 곳을 나눠 세밀하게 시장을 공략해야 한다.

앱 관리 차별화를 통한 홍보 전략

나는 젊은 세대도 아니고 사실은 피자를 좋아하지도 않았다. 배달 음식을 거의 시켜 먹어 본 적도 없으니 당연히 배달 앱이 어떤 것이 있고 어떻게 이용하는지조차 몰랐다. 그렇게 아무것도 모른 채로 요식 사업에 뛰어들었다.

그래서 매장 오픈 후 4개월간은 배달 앱에 대해 관심도 없었고 배달 앱의 위력도 몰랐다. 배달 앱이 있다고만 들었지, 그 중요성을 진지하게 얘기해 주고 코칭해 주는 사람도 없었다.

매장의 직원들도 사명감이 약한 아르바이트생들이었고, 점장은 요식업이 처음이라 자기 일을 하기에도 바빠서 물어보면 겨우 대답해 주는 정도였다.

배달 앱의 종류나 사용하는 방법, 네이버 블로그에 글을 올리는 방법을 하나하나 물어가며 독학으로 깨우쳤다. 모르는 것이 있으면 알 만한 사람들에게 닥치는 대로 전화를 하거나 직접 찾아가 배웠다. 그러나 정작 깊이 있게 아는 사람이 없는 게 문제였다.

궁금증 하나를 해결하려면 앱을 운영하는 본사에 전화하고, 빨간모자피자 본사 영업팀에 전화하고, 타 가맹점 베테랑에게 전화해야 했다. 그렇게 우리 매장 직원들과 미팅한 뒤 아이디어를 얻어 최종 결론을 내렸다.

중요한 것은 앱을 통한 홍보가 그 어떤 홍보 수단보다 효과적이고 파급력도 크다는 것이다. 그 결과는 통계를 보면 알 수 있다.

〈반기별 앱 주문 비율〉

구분	2018년		2019년	비고
	상반기	하반기	상반기	
전화+방문 주문	60%	42%	36%	
앱 주문	40%	58%	64%	

우리 매장의 앱 주문 비율 40%에서 64%로 24% 증가했다. 2017년에는 앱 주문이 20%도 안 되는데, 이는 너무 낮아 아예 수치에서 제외했다.

2017년 9월, 영업을 처음 시작했을 때는 앱을 통한 홍보나 관리를 전혀 하지 않았고 오로지 전단지 영업에만 집중했다. 이때 앱 주문 비율은 16%에 그쳤다.

당시에는 배달의민족, 요기요에 아무런 홍보를 하지 않았고, 배달의민족에 '울트라콜'이라는 깃발 하나를 회사에서 꽂아 준 덕분에 그나마 올라온 매출이라는 생각이 든다.

그러나 2018년에는 상반기 앱 주문이 40%, 하반기 58%, 2019년 상반기 64%로 늘어났다. 2018년 상반기 대비 24% 성장한 것이다.

2018년 1월부터는 조심스럽게 배달의민족 앱에 상위 노출되는 소위 '슈퍼리스트'에 들어가기 위해 투자를 점점 늘려갔다. 상위 3개 점포만 노출되는 슈퍼리스트는 승자 독식처럼 운영되는 '빈익빈 부익부' 시스템 같은 것이다. 매월 상위권을 위치한 가맹점의 경우 투자한 만큼 주문이 들어오기 때문에 분명한 장단점을 안고 있는 제도이다.

나도 슈퍼리스트 입찰을 계속 늘려갔다. 동별로 입찰가가 결정이 되는데, 최저 입찰가는 전월 피자 판매 수량에 따라 결정된다. 낮은 경우 4~5만 원 선에서 입찰가가 정해진다.

예를 들어, 약대동, 중4동, 삼정동 같은 경우는 5만 원 선에서 입찰가가 결정된다. 그러나 경매 방식이기 때문에 입찰 후 낙찰가는 7만 원 정도로 결정된다.

상1~3동 같은 경우는 20만 원을 전후해서 낙찰가가 결정된다.

그리고 소비층이 제일 많은 중1동의 경우 70만 원 선에서 낙찰가가 결정되어 입찰 참여는 아예 엄두가 나지 않았다.

처음에는 상2동과 상3동만 입찰에 참여하다 상1동과 중4동까지 늘려 총 4개 동 입찰에 집중했다. 점점 앱 주문이 늘어나는 것을 확인하고 2018년 4월부터는 약대동, 삼정동까지 6개 동으로 입찰 동을 늘렸다.

배달의민족은 상위 노출을 이용한 아주 단순한 아이디어로 대박을 친 것이다. 동별로 3개 매장이 상위 노출되니 전국으로 계산하면 어림잡아도 엄청난 매출이 나온다는 것을 알 수 있다.

이렇게 슈퍼리스트에 투자한 금액이 2018년은 상반기 매월 70만 원, 하반기 매월 150만 원, 2019년은 상반기 매월 200만 원 정도였다.

그리고 슈퍼리스트 밑에 홍보할 수 있는 울트라콜이 있다. 이는 4순위 노출로, 슈퍼리스트의 차선책으로 두었다.

2019년에는 투자 비용 대비 확신을 얻어 중1동까지 슈퍼리스트 입찰에 참여했다. 그때부터는 입찰 비용이 매월 200만 원을 넘어섰다. 그래도 투자 비용 대비 효과가 나오니 일하는 재미도 있고 매장 운영에 자신감도 붙었다.

그런데 2019년 5월부터 배달의민족 운영 체계가 바뀌면서 앱 의존도가 높은 매장들에 엄청난 변화가 생겼다. 입찰을 통한 상위 노출로 매출을 많이 올리는 매장에 비상이 걸렸다.

우리도 마찬가지였다. 우리와 비슷하거나 우리보다 배달 앱 이용이 오래된 다른 가맹점도 나와 같은 생각이었을 것이다.

〈배달의민족 운영 체계: 2019년 5월 이전〉

구분	내용		
슈퍼리스트	상위 3개 노출	입찰 방식	동별 노출
울트라콜	4위 노출	거리별 순위 변동	스팟당 88,000원

〈배달의민족 운영 체계: 2019년 5월 이후〉

구분	내용		
오픈리스트	상위 노출/로테이션(10분)	신청 방식	수수료 6.8%
울트라콜	4위 노출/거리별 순위 변동	스팟당 88,000원	

배달의민족의 슈퍼리스트가 오픈리스트로 바뀌면서 4월보다 5월 앱 매출이 20% 정도 감소했다. 더군다나 자영업은 5월, 6월이 비수

기인데 엎친 데 덮친 격이었다.

난관을 타개할 묘안이 필요했다.

오픈리스트는 입찰 금액이 없는 대신 더 높은 수수료를 내는 방식으로, 3개 가맹점만 노출되는 것이 아니라 신청 매장 전체를 돌아가며 10분씩 노출하는 방식이다.

이렇게 상위 노출이 여러 매장으로 분산되다 보니 매출도 분산되어 이전에 노출 비중이 높았던 매장은 자연히 매출이 감소할 수밖에 없었다. 무언가 특단의 대책이 필요했다.

그래서 4순위 노출이 되는 울트라콜 깃발을 14개 꽂았다. 깃발 위치에서 거리별로 순위가 나타나는 형태라 깃발 위치가 중요했다.

깃발 간격은 600m 정도로 하고, 깃발 위치는 매출이 잘 나오는 타깃을 정해서 공격적으로 꽂았다. 다른 매장도 대부분 7개에서 10개 정도 꽂은 것으로 파악했다.

부천에서 깃발을 가장 많이 꼽은 경쟁 업체는 30개가 넘는 깃발을 꽂은 것으로 확인했다.

배달 앱의 시장 점유율(M/S)이 가장 높은 회사는 배달의민족이고 그 다음이 요기요이다. 그래서 요기요도 무시할 수가 없었다. 배달의민족에서 결과가 나오는 것을 확인한 후 요기요에서도 적극적으로 입찰에 참여하기로 했다.

요기요는 홍보비 부담이 있어 매장에서 가장 가까운 2개 동만 입찰하기로 전략을 세우고 비용은 월 40만 원 정도로 관리했다. 5월부터는 5개 동으로 확대했다.

〈요기요 입찰 운영 체계〉

구분	내용		
우리동네플러스	상위 3개 노출	입찰방식	동별 노출
슈퍼레드위크	4위 노출		

수수료가 8.8%로 매우 높아 할인을 하면 이윤이 적어 할인은 하지 않고 상위에 노출되는 우리동네플러스만 입찰했다.

그런데 2년 정도 영업으로 기반이 다져져서 그런지 할인이 없이도 월 평균 135건의 주문이 들어왔다. 주당 평균 35건 정도 였다.

물론 배달의민족보다 비용은 높아도 매장에 활력이 돌고 다양한 주문 경로가 생겼다는 기쁨이 큰 소득이었다.

앱 주문은 배달의민족과 요기요 외에도 홈앱, 카카오가 있다. 둘이 합쳐 월 주문이 50건 정도, 이벤트가 있으면 80건 정도 들어오기 때문에 다른 앱에 비하면 주문 건수가 미약한 편이었다.

이렇게 앱을 통한 주문 비중이 늘어난 것은 앱을 이용하는 고객이 늘어남에 따라 앱 투자 비중을 늘린 것이 효과로 나타난 것이다.

어떻게 보면 시장 변화의 트렌드를 빨리 파악한 것이 도움이 된 듯하다.

⊙ 한발 앞선 배달의민족 차별화 전략을 펼치다

앞에서 말한 것과 같이 스마트폰은 PC가 휴대 전화 안에 들어와 있는 것이다. 이와 같이 앱은 얼마 전까지 우리가 집에서 보던 상가 수첩, 전단지가 스마트폰 안에 들어와 있다고 보면 된다.

다양한 배달 음식이 한 곳에 몰려 있으니 많이 이용할 수밖에 없고, 이런 트렌드를 찾아 홍보하는 것이 대세라고 판단했다.

퇴직한 후 매장을 인수한 2017년은 앱을 통한 주문이 폭발적으로 늘어나는 시기였다. 이보다 3년쯤 빨리 업계에 진입했다면 좋았겠다는 생각이 들지만, 늦었다고 생각할 때가 가장 빠를 때임을 명심하고 남들과 차별화된 관리를 하기로 마음먹고 달려들었다.

먼저 앱 주문 1위인 배달의민족 운영 사례를 말하고자 한다.

배달의민족은 매장을 운영하는 배달의민족 사장님 앱이 별도로 있고, 고객이 이용하는 배달의민족 앱이 있다.

배달의민족 사장님 앱은 매장 사장들이 필요한 정보나 업무를 보는 공간이다. 일반 고객은 접근할 수 없도록 사업자 등록증을 제출한 후 개설된다.

주로 메뉴 관리, 정보 수정, 운영 시간 변경, 리뷰 관리, 통계, 정산 금액 관리, 입찰 업무 등 매장 사장에게만 오픈된 자료가 담겨 있다.

먼저 고객들이 이용하는 앱에 대해 말해 보려고 한다.

⊙ 메뉴 배치 순서를 바꾸자

본사의 기본 메뉴 배치는 피자가 앞에 나오고 세트 메뉴가 뒤에 나오는 순서였다. 나는 세트 메뉴를 앞에 놓고 피자를 뒤에 놓았다. 객단가가 높은 세트 메뉴를 더 많이 팔기 위해서였다.

<배달의민족 메뉴 배치 순서>

구분	상동점	본사 기본	비고
1순위	세트 메뉴	피자	
2순위	패밀리 세트	세트 메뉴	상동점 자체 세팅
3순위	피자		

당연히 단일 피자만 주문하면 단가가 낮아진다고 판단했다.

세트 메뉴의 단가는 레귤러(R) 사이즈는 26,900원, 라지(L) 사이즈는 30,900원 또는 33,900원으로 피자 단일 품목 주문보다도 5,000원 이상 비쌌다.

고객 입장에서도 각각 주문하는 것보다 할인율이 높으니 세트 메뉴에 주력하는 것은 서로 윈윈 전략이라고 확신했다.

예상은 적중했다. 많은 분들이 세트 메뉴 주문을 해 왔다.

그리고 얼마 지나지 않아 아이디어가 떠올랐다.

본사에 기존 세트 메뉴에 상동점만의 패밀리 세트를 하나 더 추가하면 어떻겠냐고 제안했다.

패밀리 세트는 '피자+치킨+양념반달감자(혹은 치즈감자볼)+콜라'로 구성되었다. 치킨과 피자를 메인으로 한 세트와 치킨과 스파게티를 메인으로 한 세트 메뉴 두 가지로 운영하는 전략이었다.

가만히 생각해 보니 이제 전단지는 안 만들어도 되고, 배달의민족 주문량이 많으니 앱 주문만 활성화해도 되겠다는 생각이 들었다.

2주 정도의 작업 끝에 배달의민족 전산에 상동점만 패밀리 세트를 반영하고, 우리 전산 양식에는 패밀리 세트 결제 시 라지, 레귤러 할인 금액만 처리하도록 했다.

이렇게 상동점은 세트 메뉴와 패밀리 세트, 두 가지 세트 메뉴를 판매하는 유일한 매장이 되었다. 신제품을 만들지 않았지만, 제품 하나를 출시한 것과 같은 효과가 있었고 판매도 잘되었다.

〈세트 메뉴 소개〉

세트 메뉴	패밀리 세트 (상동점만 판매)	비고
인기 피자 8종(L, R)	인기 피자 8종(L, R)	
스파게티 (5종)	치킨 (3종, 10쪽)	
코울슬로	양념반달감자 or 치즈감자볼	
콜라	콜라	
26,900원/30,900원(33,900원)	29,400원/34,400원(37,400원)	

두 세트 메뉴는 스파게티냐 치킨이냐, 코울슬로냐 양념반달감자(치즈감자볼)냐 하는 2가지 큰 차이가 있다.

고객 입장에서는 주말에 가족들끼리 모이면 스파게티를 먹고 싶은 사람, 치킨을 먹고 싶은 사람이 다를 수 있으니 선택의 폭이 넓어지고, 내 입장에서는 객단가가 올라가니 서로 윈윈하는 좋은 결과를 얻었다.

이 책을 읽는 분들도 뭔가 골똘히 생각하면 아이디어가 떠오를 것이다. 제품의 배치 순서와 작은 아이디어 하나만으로도 매출이 오르고 객단가가 오르니 최상의 결과가 아닐까? 이런 세트 메뉴 중심의 판매로 회사 평균보다 매장 객단가가 1,000원 정도 더 높게 나타났다.

⊙ 배달의민족 리뷰란의 '사장님 한 말씀'도 혼을 담아 만들자

'사장님 한 말씀'이라는 메모란은 계절이나 분기마다 내용을 바꿨다. 예를 들면 설날, 추석, 5월 가정의 달, 여름철, 연말에 맞게 멘트를 적었다. 작은 내용이지만 보는 사람들 모두가 우리 매장의 단골이 될 수 있다는 생각이 들어서였다.

그리고 빨간모자피자만의 비법을 자랑하고 이벤트 내용을 담았다. 5번, 6번. 7번은 공지사항을 넣었다.

2019년 8월 메모란에 있는 내용을 그대로 옮겨 왔다.

〈배달의민족 사장님 말씀 내용〉

0. 여름철 가장 안전한 먹거리는 고온에 익혀 드시는 피자입니다.
1. 빨간모자피자만의 비법
   엑스트리버진 올리브오일로 반죽한 이탈리안도우(소화가 잘됨)
   덴마크산 모차렐라치즈(고소하고 담백함)
   셀러리가 들어간 수제 피클(매장에서 만듦)
   차원이 다른 스파게티, 코울슬로
2. 가격 정책
   프리미엄 피자 중 가장 합리적인 가격
   - 경쟁 중인 다른 프리미엄 피자에 비해 10~20% 정도 낮은 가격 정책(로열티/홍보비가 저렴해 가격에 반영)
   - 지나친 할인율보다 맛으로 선택하세요.
3. 배달의민족 리뷰이벤트(선결제 시만 가능)
   - 선결제 시 반짝 쿠폰 2,000원 할인받고→리뷰 참여 선물 받고→단골 쿠폰 3,000원 지급받으세요.
   - 혜택 1: 선결제 시 반짝 쿠폰 2,000원 할인받고
   - 혜택 2: 메모란에 리뷰 참여 요청하시면 사이드 메뉴 무료 증정
     사이드 메뉴 4개 중 1개 선택(미선택 시 치즈감자볼)→치즈감자볼, 브라우니, 콜라(1.25L), 스프라이트(1.5L)
   - 혜택 3: 사진 리뷰 남겨 주시면 3,000원 단골 쿠폰 지급(사진 없으면 2,000원 지급)
     (참고: 반짝 쿠폰과 단골 쿠폰 중 1개만 사용 가능)
     ※ 타 지원과 중복 지원 제외
5. 영업시간: 오전 11시~오후 11시 30분까지 주문 접수 가능합니다.
6. 소스 제공: 라지(L)-갈릭 소스 2개, 핫소스 2개/레귤러(R)-각각 1개
   (단, 씬도우는 갈릭디핑소스가 지급되지 않습니다.)
7. 맛있게 드셨다고 생각하시면 오른쪽 상단의 ♥를 꾹 눌러 주시면 찜한 가게로 등록되어 편리합니다.

주문 시 이 내용을 보는 분들이 많았다.

⊙ 리뷰 관리를 차별화하자

나는 원미구에서 배달의민족 판매 건수가 많고 리뷰가 많이 달린 타 회사 매장 7개 정도를 집중적으로 체크하고 벤치마킹했다.

그들이 어떻게 움직이고 이벤트를 여는지, 할인을 어느 정도 하는지, 영업시간을 어떻게 조정하는지, 리뷰 관리는 어떻게 하는지 등을 수시로 체크하며 우리 매장에 반영했다.

그런데 특이하게도 리뷰를 제대로 관리하는 곳은 한 군데도 없었다. 고객과 소통하는 유일한 창구인 리뷰를 왜 방치하는지 이해가 안 되었다.

나만이라도 정성 들여 리뷰에 답을 달고 고객과 소통하면 분명히 반응이 있을 것이고 매출로도 연결될 거라는 생각이 들었다. 물론 바쁜데 거기까지 어떻게 신경 쓰냐고 얘기하면 할 말은 없다.

23개월간 달린 상동점 리뷰가 정확히 1,496개였다. 단 1건도 빠트리지 않고 리뷰에 매일매일 직접 답을 달았다.

〈리뷰 현황〉

리뷰 수	평점	찜한 가게
1,496개	4.8점	646명
월평균 65개/ 2019년 월평균 110개	프리미엄 피자 1위	찜(♥)한 단골 고객

평점 4.8점이면 백분율로 96점에 해당하는 점수이다.

대한민국 국민이 심성이 좋아서 그런지, 부천 원미구 사람들이 점수가 후해서 그런지, 그것도 아니면 내가 복이 많아서 그런지 하는 생각이 들 정도이다. 하지만 최소 96%는 피자가 맛있어서 준 점수라고 생각한다.

나는 하루도 거르지 않고 퇴근해서 밤 1시에도 리뷰에 답을 달고 잠을 잤다.

그런데 어느 피자 가게는 오픈한 지 한 달 만에 300개, 500개의 리뷰가 달리기도 했다.

나는 많이 달려도 한 달에 120개 정도밖에 되지 않는데 너무 신기해서 영업팀에 전화했다. 신설 피자 가게인데 어떻게 그렇게 리뷰가 많이 달리는지 대박 나겠다고 했더니 본사 과장님은 "신경 쓰지 마세요."라면서 "그거 돈 주면 다 그렇게 해줘요."라고 했다.

'드루킹 댓글 조작 사건' 같은 일이 여기서도 일어나는구나, 도대체 대한민국은 제대로 돌아가는 게 없구나 싶었다. 리뷰 1건 달아주는 데 1,000원, 답을 달아주는 데 2,000원을 받는다고 했다.

어떻게 생각하면 매장 오픈 후 빨리 자리 잡고 싶어서 그랬겠지만, 공정한 게임은 아니라는 생각이 들었다.

그래도 주인이 직접 답을 단 것과 업자에게 돈을 주고 단 것은 누가 봐도 차이가 났다. 고객들도 우리 리뷰를 보고 주문했다는 분들이 많았다. 배달을 가면 "리뷰 누가 달아요?", "리뷰 내용 잘 읽었습니다.", "리뷰 내용에 도움이 되는 말 참 많았습니다."라는 말을 들었다. 이런 말들을 들을 때면 돌아오는 발걸음이 가벼워 좋았다.

리뷰 내용도 지겹지 않도록 나름대로 고민해 테마를 정해서 썼다. 피자에 관한 얘기, 치즈에 관한 얘기, 좋은 글 소개, 배달에 관한 에피소드, 피자 내용 설명 등 조금이라도 헛되고 지루하지 않게 쓰려고 노력했다. 리뷰를 달아 주면 감사 이벤트로 사이드 메뉴를 선물로 주었다. 사이드 메뉴는 치즈감자볼, 브라우니, 콜라, 스프라이트 중에서 선택하게 했다.

⊙ 할인 쿠폰과 단골 쿠폰으로 단골을 지키자

할인 쿠폰은 말 그대로 가격을 깎아 주는 쿠폰이다. 할인 쿠폰을 사용하지 않는 회사도 있고, 할인 쿠폰을 사용하더라도 주로 1,000원 할인, 2,000원 할인, 3,000원 할인 중에서 선택한다.

우리 상동점은 처음에는 3,000원 할인을 하다가 나중에는 2,000원 할인을 주로 했다. 주변 매장의 할인율을 검토하고 내린 결론이라 내 판단이 옳았다는 생각이 든다.

그런데 주변 다른 매장을 보다 보니 단골 쿠폰을 쓰는 곳이 한 곳 있었다. 부천에서 제일 잘되는 매장 중 하나였다.

또다시 분석했다. 단골 쿠폰의 매력이 있었다. 투자 비용이 얼마 들지 않고, 고객에게 감사 인사와 동시에 쿠폰을 제공할 수 있어 좋았다.

구입 비용는 1개월에 19,800원밖에 하지 않았다.

리뷰를 단 고객에게 1,000원, 2,000원, 3,000원 중에서 그때그때 내가 지급할 수 있고, 쿠폰은 지급 후 15일 이내에 반드시 사용해야 한다. 또, 할인 쿠폰과 단골 쿠폰을 동시에 사용할 수도 없어 내 입장에서는 매력적이었다.

피자를 먹고 15일 이내에 또 주문한다면 진정한 단골 고객이 아닌가. 이런 고객에게는 3,000원 쿠폰을 주어도 아깝지 않다는 생각이 들었다. 그리고 리뷰 시 사진을 올리지 않으면 2,000원 쿠폰을 지급하는 원칙을 세웠다.

통계를 분석해 보면 월 25명 정도는 3,000원 단골 쿠폰을 사용했다.

주는 사람과 받는 사람 둘 다 기분 좋은 단골 쿠폰 덕을 톡톡히 보았다.

⦿ 배달의민족 통계를 이용해 경쟁 업체 정보를 파악하자

주변 경쟁 업체를 분석하기 위한 정확한 자료를 얻기란 정말 어렵다. 주변 상가의 소문을 통해 얻거나 배달 직원을 통해서 얻어야 한다.

그래도 콜라를 배달하는 직원들에게 다른 매장의 콜라 결제 금액을 물어보면 대략 매출이 예상된다. 예를 들어, "A매장은 콜라 어느 정도 결제해요?"라고 넌지시 물어보면 "100만 원 정도 하다 최근엔 조금 떨어졌어요."라고 말한다. '콜라 결제액×40'을 계산하면 대략 매출을 예상할 수 있다.

그러나 다른 자료는 얻기가 어려워 내 나름대로 방법을 찾았다.

2019년 4월 이전에는 나만 부지런하면 배달의민족을 통해 상대 회사의 판매 수량을 알 수 있었다. 매일 7개 경쟁 업체 피자 수량을 체크했기 때문에 월간 판매량, 주간 판매량, 일자별 판매량을 예측할 수 있었다.

그러나 어떤 이유에서인지 몰라도 2019년 5월부터는 배달의민족 앱을 통한 판매 건수 파악이 안 되게 전산이 바뀌어 버렸다.

〈배달의민족 동향 파악 내용〉

2019년 4월 이전	2019년 5월 이후	비고
피자 판매 수량	없어짐	매일 체크
평점/찜한 가게/리뷰 수	평점/찜한 가게/리뷰 수	월 단위
울트라콜/할인율/영업 시간 변경	울트라콜/할인율/영업 시간 변경	수시(필요 시)

매일 피자 수량을 파악해 통계 관리를 하고 평일, 주말에 어느 정도 판매되는지를 체크했다. 그에 따라 우리 매장이 어떻게 대응해야 할지를 수시로 체크하고 대응책을 마련해 나갔다.

그리고 주변에 신규 오픈하는 매장이 나타나면 몇 개월 동안 동향을 파악했다. 리뷰 등 반응도가 높으면 계속 통계 관리를 하고, 반응도가 낮으면 분석에서 제외했다.

영업시간은 상대방이 어떻게 마감 시간을 정하는지 체크하고 나름대로 대응해 나가는 전략이다. 보통 가격대가 높은 프리미엄급 피자 브랜드는 불문율처럼 22시에 마감한다. 그러나 매장 특성에 따라 시간 연장을 하기도 하는데, 나는 타 가게의 마감 시간을 배달의민족을 통해 파악했다.

지금은 네트워크 시대로 소통과 공유가 빠르게 일어나고 있기에 대응 전략도 그에 맞춰 발 빠르게 움직여야 한다. 피자를 맛있게 만들고 매장만 깨끗하다고 해서 성공하는 시대가 아니기 때문이다.

평점은 매우 중요한 요소이다. 고객은 첫 주문 시에 다른 사람들의 구매 수량부터 리뷰 수, 평점까지 3가지 요소를 보고 주문 여부를 결정한다.

우리처럼 리뷰가 1,000개가 넘고 평점이 프리미엄 피자 중 최고로 높은 4.8점이면 '아, 여기는 한번 믿고 주문해도 되겠다.'라는 생각이 든다.

이렇게 일정량의 리뷰가 쌓일 때까지는 시간과 노력의 투자가 필요하다. 배달의민족 앱을 통해 홍보한다고 해서 바로 결과가 나타나는 것이 아니라 적어도 6개월에서 1년의 시간이 필요하다는 것을 명심해야 한다.

최근에는 피자 수량을 파악하기 어려워 나름대로 상대방을 체크할 방법을 찾다가 고안해낸 방법이 있다. 리뷰 수를 역산하면 어느 정도 판매되는지 예측할 수 있다.

예를 들어, 배달의민족 한 달 리뷰가 111건이면 리뷰 수의 5배에서 7배 정도가 팔린 것으로 예상했다. 물론 정확하지는 않지만, 대략적인 흐름은 맞을 것으로 유추해 해석한 것이다.

여기에 찜한 고객 수 증가는 중요한 의미를 가진다. 이는 단골이 늘어나는 것으로, 진성 고객이 늘어나면 향후 안정적 충성 고객이 확보되는 셈이다.

우리 상동점의 경우는 한 달간 늘어난 찜한 고객 인원이 48명이었다. 주변의 A매장이 8명, B매장이 2명, C매장이 12명인 것에 비해 훨씬 높은 증가 추이를 보였다.

이는 빨간모자피자 상동점의 맛의 우수성이 어필되고 있다는 방증이었다. 이렇게 시장 관리를 해나가면 시간은 결국 우리 편이라고 확신했다.

이렇게 배달의민족 앱이 주변 경쟁 업체 동향 파악에 도움이 되어 어느 회사가 어느 정도의 매출인지 정보를 파악할 수 있었다. 그리고 그에 따라 나는 어떻게 대응해야 하는지 방향을 설정할 수 있었다. 얼마나 더 노력해야 하는지 나 자신을 돌아보고, 머릿속으로 반복적으로 생각하며 스스로 긴장감을 가졌다.

나에게는 소중한 정보였고, 겸손하게 다른 경쟁 매장도 이 정도는 할 것이라고 생각했다.

⊙ 배달의민족 주문 증가량만큼 매출도 는다

주문이 들어오는 경로는 몇 가지가 있다.

전통 방식으로는 전화 주문과 방문 포장 주문이 있다. 앱 주문은 배달의민족, 요기요가 주를 이루고, 홈앱과 카카오 주문이 약간 있는 정도이다. 2년간 통계를 보면 전화와 방문 포장 주문의 수는 12월의 성수기를 제외하면 월평균 500건 정도로 거의 기복이 없었다.

우리 상동점의 2년간 4배 가까운 성장 요인은 배달의민족에서의 성장이 절대적이었다. 이는 2018년 이후 분기별 배달의민족 판매 실적을 보면 쉽게 알 수 있다.

〈배달의민족 분기별 판매 건수〉

구분	2018년				2019년		비고
	1분기	2분기	3분기	4분기	1분기	2분기	
분기 판매 건	542건	767건	1,242건	1,732건	1,968건	1,670건	

2018년 1분기 542건이 2019년 1분기 1,968건으로 1,426건이 증가했다. 매월 475건이 늘어난 셈이다.

그러나 2019년 2분기 판매 건수는 1,670건으로 298건이 감소했다. 월평균 100건 정도 감소한 것이다. 2019년 5월 1일부로 배달의민족 상위 노출 제도인 슈퍼리스트가 없어지면서 생긴 일이다.

예상은 했지만, 슈퍼리스트가 없어질 경우 대응책은 울트라콜을 많이 꽂는 전략밖에 없었고, 실제로도 울트라콜을 많이 늘려 방어하려 했지만 역부족이었다.

배달의민족 한 곳의 매출 비중이 높다 보니 반대로 리스크도 컸던 것이다. 7월부터는 요기요 매출을 확대해 월 50건 이상으로 배달의민족 매출을 메웠다.

길이 없으면 찾으면 되고, 찾아도 길이 없다면 만들어서 가면 된다. 어차피 대한민국의 자영업은 포화 상태이다. 그렇다면 우리는 '치킨 게임'의 승자가 되어야 한다.

◉ 요기요 홍보 전략 강화로 새로운 돌파구를 모색하다

요기요는 배달 앱 2위 업체이다. M/S가 30% 정도 된다.

그러나 2위여서인지 시스템이나 운영 방식이 우리 입장에서는 편리하지 않고 접근도 쉽지 않았다. 또한, 프랜차이즈 가맹점이 적은 회사는 B2B 제휴가 안 되어 진입이 불가능한 항목이 있어 불편했다.

나름대로 회사의 정책이 있겠지만, 가맹점을 운영하는 입장에서는 앱 주문 2위 업체가 더욱 문턱을 낮추고 문을 열어야 한다는 생각이 들 때가 많았다.

이해를 돕기 위해 배달의민족과 비교해 설명하겠다.

〈상위 노출 비교〉

구분	요기요	배달의민족
상위 노출	우리동네플러스: 3개 입찰 방식	3개 오픈 노출: 무료/10분 단위 (동별 신청 가맹점 전부)
4위권 노출	슈퍼레드위크: 진입 가능 회사 정해짐	울트라콜

상위 3개사를 노출하는 방식은 요기요는 예전과 같이 입찰 방식으로, 입찰에 성공한 3개 매장이 1개월간 노출되는 방식이다. 지역은 동 단위로 입찰하고 입찰 마감 후 1시간 후에 결과가 나온다. 입찰 금액은 선불로 입금하고, 차액이 발생하면 통장으로 반환 신청을 하면 된다.

요기요의 이용 수수료는 8.8%로 높은 편이다. 거기에 입찰비까지 포함하면 비용이 높아 할인율로 환산하면 대략 20%가 넘었다. 거기에 배달료까지 포함하면 총비용이 30%가 넘는다. 그래서 나는 요기요는 따로 할인을 하지 않고 운영했다.

요기요와 배달의민족 앱을 운영하는 사장님들은 이를 참고해 전략을 짜야 한다.

요기요는 할인 쿠폰 제도가 없으며, 사이트에 들어가 직접 할인율을 설정해서 사용하는 방식이다. 예를 들어 고객이 3가지 메뉴를 주문했다면, 3가지 모두 10% 할인이 되어 음료수와 사이드 메뉴까지 10% 할인을 해야 한다. 우리는 일반적으로 피자만 할인을 적용하고 사이드 메뉴는 할인을 하지 않는다. 그러나 요기요는 그런 시스템을 갖추고 있지 않다.

내가 돈을 투자하면 반대로 그만큼 정보를 얻고 싶게 마련이다. 고객들이 이용하는 리뷰 창에는 평점, 리뷰 개수 정도만 나온다. 업체 측에서 통계 개발에 더 관심을 가져 줬으면 한다. 가맹점 사장님들이 이용하고 싶도록 앞으로 다양한 콘텐츠를 개발하기를 바란다.

⊙ 홈앱과 카카오톡의 매출이 상승하는 추세다

홈앱은 회사의 브랜드 홍보에 따라 크게 차이가 난다.

공중파 채널에 홍보를 하는 회사나 인터넷 홍보를 많이 하는 회사는 비중이 크다. 우리는 홈앱이나 카카오톡 주문하기를 통한 주문은 월 100건 정도였고, 이벤트가 있다면 조금 더 들어왔다.

배달의민족, 요기요에 이어 다양한 경로로 주문이 들어오도록 우리도 입체적 사고로 다양한 관심을 가져야 한다. 전화나 방문 주문은 앞으로 계속 줄어든다는 것을 명심하고 매장 운영 전략을 세워야 한다.

⦿ 배달의민족 매출 10배 성장으로 '성장 대상'을 수상하다

내 일을 열심히, 잘하고 있을 때 누군가 그 일을 인정하거나 공인해 주면 누구나 기분이 좋을 것이다.

배달의민족 앱은 우리나라 시장 점유율 1위 업체이고, 이곳에

등록된 전국의 피자 매장 수는 수천 개다. 그중 빨간모자피자 상동점이 성장 순위 10위 안에 들었다는 내용의 상패를 본 순간, 이건 호재 중의 호재라고 생각했다.

홍보에 활용할 방법도 정말 많았다. 매장에는 상패를 걸어 놓았고, 매장 입구엔 LED 홍보를 했다. 전단지 중간에도 이 사실을 크게 넣어 홍보했다.

또한, 수상 기념 할인 이벤트를 열고 치밀하게 고객 중심의 홍보를 펼쳤다. 이렇게 2019년 상반기는 배달의민족 성장 대상을 이용한 홍보로 즐거운 영업을 할 수 있었다.

어느 한국인 사업가가 중국에서 사업을 하다 실패하고 서울에 돌아와 중국 관련 플랫폼 사업을 하여 재기에 성공했다는 기사를 읽었다.

그 플랫폼 사업가는 중국인들이 한국의 성형 수술에 관심이 많다

는 사실을 알고 성형외과 비교 견적 사이트를 만들어 1억 명이 넘는 고객을 확보했다고 한다.

요식업 관련 플랫폼 사업에서 상위권을 달리는 회사들은 시장을 선점한 이점을 살려 다양한 통계와 콘텐츠를 개발해 요식업 가맹점주와 상생하는 자세로 윈윈했으면 한다.

고객 관리와 민원 해결도 홍보다

우리 피자를 먹는 고객만 고객이 아니다. 같은 건물에서 항상 마주치는 이웃집은 물론, 주변 상권에서 자주 마주치는 사람도 나에게 무언의 힘이 될 수 있는 첫 번째 고객이다.

매장에 도움을 주는 농산물 가게 사장님, 오토바이 관리를 해 주는 형제오토바이 사장님, 배달 대행 업체 사장님, 전단지 홍보를 해 주는 미래 기획 차장님 같은 분들이 모두 나에게 중요한 고객이고 키 맨(key man)이라고 생각한다.

물론 빨간모자피자자 상동점을 이용하는 고객은 말할 것도 없는 최고의 고객이다. 그런 고객에게 클레임이 걸려 오면 대충 처리하지 말고 반드시 즉시 해결하고 최고의 협력자로 만들자는 것이 나의 철학이다. 그래서 형식에 치우치지 않고 항상 따뜻한 가슴으로 고객과 대화하고 민원을 해결하려고 노력했다.

이것은 과거 직장 생활에서 얻은 교훈이고 경험이었다.

민원이 발생한 고객은 내가 직접 찾아가 100% 해결하고 모두를 협력자로 만들었다고 자신 있게 말할 수 있다.

◉ 0차 고객, 1차 고객, 2차 고객을 나누자

나는 매일 만나는 주변 사람은 편의상 0차 고객이라고 표현한다. 즉, 매장의 직원도 주인인 나의 입장에서는 고객이라고 생각했다. 직원들과도 아침에 만나면 반갑게 인사하며 하루를 시작한다. 그러면 서로 기분이 좋다. 인사에는 나이가 없고 직책도 필요 없다.

우리 건물의 관리소장님, 경비 아저씨, 청소 아주머니도 0차 고객이라고 생각했다. 관리소장님에게는 이따금 피자 무료 쿠폰도 하나씩 드리고, 힘들게 일하는 경비 아저씨에게는 브라우니와 콜라도 드리고 같이 건물 앞 청소도 해 드리면 정말 좋아하셨다.

옆에 있는 헤어샵과 진성부동산 사장님에게도 이따금 간단한 사이드 메뉴를 서비스해 주면 좋아했다.

추석이나 설에 나는 이분들에게 꼬박꼬박 선물을 드렸다. 뇌물이 아닌 선물은 얼마나 훈훈한가. 선물을 할 때는 항상 가장 고생하시는 경비 아저씨부터 먼저 챙겼다.

우리 피자도 맛이 최고지만, 내가 이렇게 했을 때 이분들이 빨간모자피자 상동점에 대해 욕이라도 하겠는지 생각해 봐라. 바라고 한 것은 아니지만, 이렇게 하루하루가 편안하면 얼마나 좋은가.

그러면 1차 고객은 누구인가?

1차 고객은 매주 콜라를 배달해 주는 콜라 업체 직원, 우리 피자를 배달해 주는 '띵동' 소속의 라이더들, 웅진코웨이 코디, 편지를 배달해 주는 우체국 선생님, 우리의 손과 발인 오토바이를 고쳐 주는 형제오토바이 사장님 같은 분들이 1차 고객이다.

이들은 1주일에 한 번, 한 달에 한 번 정도 들르지만, 이분들은 나를 직접적으로 도와주는 분들이다. 그래서 나는 정기적으로 방문하는 이분들을 1차 고객이라고 생각한다.

이분들이 잘해 줘야 우리 피자를 먹는 2차 고객에게 더 잘해 줄 수 있다. 즉, 징검다리 같은 분들이다.

사례를 통해 말해 보겠다. 콜라와 스프라이트를 배달해 주시는 코카콜라 직원분들은 정말 고생한다. 그 무거운 짐을 우리 가게만이 아니라 다른 가게까지 하루종일 들고 다닌다. 입장을 바꿔 생각하면 이해가 된다. 다른 분들은 몰라도 이분들한테는 정말 잘해 드려야겠다고 항상 마음먹고 신경을 썼다.

콜라를 나를 때는 문 2개를 모두 활짝 열어 주고, 워크인 안에도 짐을 놓기 편하게 했다. 그리고 여름에는 시원한 물 한 잔과 브라우니를 간식으로 주면 좋아했다. 겨울에는 따뜻한 커피를 드렸다. 그랬더니 이분들이 나중에는 우리의 소식통이 되었다.

이게 편안한 인간관계와 1차 고객 관리에서 오는 선물이다.

정수기를 관리하는 웅진코웨이 코디님도 나이가 약간 드신 어머님인데 정말 자상했다. 우리 피자가 맛있다고 올 때마다 주문하고, 사무실에서 이따금 단체 주문도 해 주셨다. 여유가 있으면 오이나 양파 같은 것을 한두 개만 챙겨 드려도 정말 좋아했다.

중동 우체국 우편 배달원 선생님도 우리 집 단골이다.

매일 아침마다 마주치는 게 전부이다. 그런데 자주 만나다 보니 이따금 세상 불평이나 이런저런 얘기를 하고 간다. 우편량이 너무 많아 퇴근 후에도 배달을 하고, 어떤 때는 토요일과 일요일에도 배달을 한단다. 거기다 동료 집배원이 휴가를 가면 그곳까지 우편배달을 한다고 했다. 고생하는 모습에 간단한 선물을 해 드렸다. 그러면 음료수를 사 가지고 들렀다.

나는 부천이 고향이 아니어서 낯설었지만, 얼마 지나지 않아 고향 같은 생각이 들었다. 아마 배달원 선생님의 친절함이 제일 영향이 컸던 것 같다.

형제오토바이 이경근 사장님은 정말 '친절 맨'이다. 형제가 같이 오토바이 가게를 운영해 가게 이름도 형제오토바이라고 했단다. 배달 영업을 하는 원미구, 오정구 오토바이 수리를 전부 해 주고 있어서 모르는 정보가 없다. 어디가 잘되고 어디가 안되는지 다 알고 있다. 그런데 한 번도 다른 매장 흉보는 것을 본 적이 없다.

나도 제일 큰 혜택을 보고 어떤 때는 고장 나면 비상 호출만 해대니 너무너무 미안했다. 방법이 하나밖에 없었다. 피자도 드리고 브라우니도 드리고 음료수도 드렸다. 그렇게 정이 들었다.

내가 아쉬울 때만 부탁하지 않고 이렇게 조금만 관심을 가지면 서로가 좋은 관계로 이어지는 것이 아닌가 싶다. 그래서 인생은 품앗이라고 하나 싶다.

나에게 최고 VIP 고객은 '띵동'의 라이더분들이다. 내가 필요할 때 배달을 요청하기에 아쉬울 때만 부탁한다는 기분이다. 물론 돈을 받고 하는 일이라고 생각할 수도 있지만, 돈 이상의 의미가 있다.

바쁠 때 시간에 맞춰 와야 하고, 나도 시간에 맞춰 피자를 만들어 놓아야 한다. 시간을 맞추는 것이 한두 번도 아니기에 서로 매우 신경 쓰이는 일이다. 신경 쓰인다는 것은 매우 예민해지는 일이기도 하다. 거기다 눈이나 비가 올 때면 더욱 시간 맞추기가 어렵다.

한 달 평균 350건 정도 배달을 해 본 내가 라이더의 심정을 몰라주면 누가 알아주겠나 싶었다. 이분들은 우리 매장에만 오는 것이 아니라 적어도 100개 넘는 다른 가게와도 거래를 한다. 아마 어느 매장은 항상 늦게 나오고, 어느 매장은 인사도 없을 것이다.

그래서 나름대로 원칙을 세우고 신경 써서 서비스해 주었다. 우리 것을 많이 배달해 주는 라이더, 남들이 가지 않으려는 부평 지역을 잡아 주는 라이더, 배달이 밀려 다들 우리 것을 안 잡는데 이걸 눈치채고 잡아 주는 라이더에게는 반드시 고마움을 표했다. 피자 무료 쿠폰도 주고, 간식도 줬다.

그리고 일찍 와서 기다리는 라이더에게는 밥 먹을 시간이 없을 것 같아 브라우니와 콜라를 자주 줬다. 비 오는 날, 눈 오는 날, 저녁 10시 이후에는 이따금 박카스를 사다 줬다.

이렇게 한참 지나니 알아서 배달에 신경을 쓰는 라이더가 생겼고, 정말 고맙고 행복했다.

우리 매장에서 함께하는 사람, 우리 가게를 도와주는 사람을 0차 고객, 1차 고객으로 생각하며 지냈다.

⊙ 매장을 방문하는 진성 고객과 소통하자

우리 매장을 이용하는 방문 고객은 최고의 진성 고객이다.

주변 가까운 곳에서 살고 있는 고객이 대부분이고, 우리 피자를 먹어 본 적이 있기 때문에 대부분 낯익은 얼굴이었다.

매장에 오는 분들의 편의를 위해 피자 메뉴판과 사이드 메뉴판을 제작해 부착했다. 피자 메뉴판은 인기 메뉴 9종을 사진과 함께 큼직하게 부착했다. 메뉴판은 가로 120㎝, 세로 120㎝ 크기라 피자 한 개당 사진 크기가 30㎝ 정도로 쉽게 볼 수 있었다. 그리고 아랫부분에는 토핑 추가에 대한 안내 문구를 넣었다.

피자를 좋아하는 젊은 세대는 피자 이름도 잘 알고 즐겨 먹는 피자가 따로 있어 메뉴판을 보지 않고도 주문을 한다. 그러나 나이가 있는 고객들은 대부분 피자 이름도 모르고 "맛있는 걸로 하나 주세요."라고 한다. 제일 어려운 주문이다.

맛있는 피자의 기준이 사람마다 달라서 문제다. 어떤 고객은 원조 고구마 피자처럼 무난한 피자를 좋아하고, 어떤 분은 고기가 들어간 피사를 좋아하고, 어떤 분은 짭소름한 페페로니가 많이 들어간 피자를 좋아하는 등 각자 취향이 다르기 때문에 어려운 주문이다.

일단 고구마로 만든 피자, 고기가 들어간 피자, 해산물이 들어간 피자, 순수하게 치즈만 들어간 피자 중 무엇을 좋아하는지 차근차근 묻는다. 그 후에 도우가 두꺼운 것과 얇은 것을 나눠 설명해 주고 메뉴를 정한다.

이렇게 설명하다 보면 기본 3~4분은 소요된다. 이런 분들을 위해 메뉴판을 사진과 함께 걸어 놓기로 결심했다.

결과는 만족스러웠다. 많은 분들이 벽에 걸려 있는 메뉴판을 보고 주문했다.

물론 계산대 앞에도 노트 모양의 메뉴판 2개를 별도로 비치해 놓았다. 사이드 메뉴판도 스파게티 5종류 중 2종, 치킨도 3종류 중 2

종, 양념반달감자, 코울슬로를 사진과 함께 별도로 걸어 놓았다. 어찌 보면 피자보다 사이드 메뉴 간판이 효과가 더 컸던 것 같다.

피자 가게에는 피자만 있는 줄 아는 고객이 의외로 많다. 사이드 메뉴판을 보고 "아니, 이런 것도 팔아요?"라고 묻는 분들도 많다. 사진을 보고 추가 주문을 하는 분들이 늘었다. 말 그대로 추가 주문은 나에겐 보너스 매출이다.

이렇게 주문을 하고 나면 10~11분 정도면 피자를 고객에게 전달할 수 있다. 사이드 메뉴가 포함되어 있으면 15분 정도 소요된다. 사이드 메뉴 중 스파게티와 치킨은 오븐기에 2번 돌려야 하기 때문에 스파게티와 치킨을 주문하면 사이드 메뉴부터 오븐기에 넣고 피자를 만든다. 오븐기를 통과하는 시간이 보통 5분 정도 걸린다. 피자를 넣고 나면 한 바퀴 돌고 나온 스파게티를 그 뒤에 다시 넣는다. 이렇게 2바퀴를 돌면 보통 12분 정도 소요된다.

피자가 오븐기에서 나오고 커팅과 포장을 하고 나면 스파게티가 나온다. 그것을 바로 포장하고 피자와 함께 포장지에 넣어서 전달하면 15분이 된다. 고객들은 이렇게 기다리는 시간 15분을 매우 길게 느낀다. 어떤 분은 잠시 다른 슈퍼마켓에 다녀오고, 어떤 분은 밖에 나가 담배를 피우고, 어떤 분은 차에 가서 기다리다 오기도 하지만 매장에서 기다리는 분이 50% 정도 된다.

이렇게 매장을 방문한 고객이 우리 매장에 또 오게 하려면 어떻게 해야 하는지는 스스로에게 물으면 답이 나온다.

첫째, 매장을 찾아오는 고객에게 신뢰를 주려면 매장이 깨끗해야 한다.

그래서 매장을 경쟁사와 차이가 날 정도로 깨끗하게 운영했다. 거기에다 피자를 만드는 토핑 테이블을 제일 잘 보이는 곳에 배치했다. 고객이 자신이 먹을 피자가 만들어지는 과정을 지켜보면 신뢰가 생기는 것은 당연하다.

둘째, 피자를 기다리는 고객과 소통한다.

기다리는 15분간 나는 열심히 만들기만 하고, 고객은 15분간 아무 말 없이 휴대 전화만 보다가 피자를 가져가는 모습을 상상해 보라. 서로 어색할 것이다. 피자가 아무리 맛있어도 방문한 고객이 호감을 갖지 못하면 진성 고객이 될 수 없다. 그래서 나는 자연스럽게 고객과 소통하는 시간을 1분 정도 갖자고 생각했다. 스파게티와 피자를 만들어 오븐기에 넣고 나면 오븐기를 통과하는 4분 정도의 여유 시간이 생긴다. 이때 고객과 대화의 시간을 갖는다.

예를 들어 "우리 피자 드셔 보니 맛이 어땠어요?"라고 질문했을 때, 고객이 "치즈 맛이 고소하던데요."라고 얘기하면 모차렐라 치즈를 한 줌 가져다주고 내가 먼저 먹는다. 상대에게 신뢰를 주는 방법은 내가 먼저 먹는 것이다. "우리는 덴마크산 치즈라 맛이 고소하고 기름기가 적습니다."라고 하면 "정말 고소하네요."라고 말한다.

무엇이든 알고 먹으면 더 맛이 있다고 생각한다. 아마 이 고객은 집에 가서 가족들이 피자를 맛있게 먹으면 "애들아, 빨간모자피자는 덴마크산 치즈를 사용한대."라고 말할 것이다. 그럼 그 가족 전체가 우리의 진성 고객이 되는 것이다.

셋째, 기분 좋게 문을 열어 준다.

고객이 한 손에 피자, 한 손에 콜라를 받아 들면 문을 열고 나가기 불편하다.

나는 운동을 좋아해 발목이 부러져 깁스를 한 적이 있었다. 6주간 목발을 짚고 다니면서 어디든 문을 열고 드나들기가 정말 불편했다. 그런데 이따금 문을 열어 주는 사람들이 있었다. 지금 생각해도 정말 고마웠다.

그때를 생각하며 우리 매장을 방문한 고객에게 문을 열어 주도록 직원들 교육을 했다. 처음에는 잘 안 하더니 내가 직접 하니 직원들도 자연히 따라서 했다.

문을 열어 주고 "맛있게 드세요."라고 인사하며 문을 열어 주면 말없이 집으로 가는 표정이 정말 기분 좋아 보였다. 고객의 기분이 좋으면 내 마음은 몇 배는 더 흐뭇하다.

넷째, 우량 고객은 비대칭으로 관리한다.

일반적으로 고객을 항상 메뉴판에 있는 기본적인 매뉴얼에 의해 정해진 대로만 서비스해 준다고 생각하면 안 된다.

나는 기본적으로 고객 방문 횟수와 고객이 결제한 금액에 따라 서비스를 차등화해야 한다고 생각한다. 자주 오는 고객에게는 피자의 토핑을 더 넣어 주든가, 음료수를 서비스해 준다.

특히 토핑의 경우는 반드시 더 넣어 준 부분을 설명해 주어야 한다. 얘기를 안 하면 더 넣어 주어도 고객은 잘 모른다.

이 네 가지를 상상해 보면 어려운 게 하나도 없다. 마음에서만 우러나오면 아주 쉬운 문제이다.

내가 이렇게 한 것은 내 마음이 편해서였다. 반대급부로 돌아오는 것은 크게 기대하지 않았다. 어떻게 보면 당연히 기대해서도 안 되는 것이다.

우리 매장을 다녀가는 모든 사람이 나에겐 소중한 고객이었다.

⊙ 단골 고객 관리는 이렇게 하자

단골이라는 정의는 주관적일 수밖에 없다.

어학 사전에서도 단골은 '특정한 가게나 거래처 따위를 정해 놓고 늘 찾아오거나 거래하는 사람'이라는 의미이다. 단골이라는 표현도 있지만 나는 '충성 고객'이라는 단어도 많이 사용한다.

피자는 요식업 중에서도 단골 고객 관리가 정말 중요한 업종이다. 피자는 매일 먹거나 자주 먹는 주식이 아니기 때문이다.

앞에서도 말했지만, 우리나라 국민은 피자를 연 2.5회 정도 먹는다. 2.5회면 약 5개월에 한 번 정도 피자를 먹는다는 뜻이다. 한 번은 우리 피자를 먹고, 한 번은 다른 피자를 먹고, 다시 우리 피자를 먹는다면 15개월이 걸린다는 얘기이다.

그런데 피자를 정말 좋아하는 고객의 경우는 매주 1회씩, 아니면 2주에 한 번씩 피자를 먹는 사람들이 있다. 2주에 한 번 주문하는 고객은 연 26회 주문한다는 계산이 나온다.

꼭 26회는 아니어도 연 15~20회 정도 빨간모자피자를 주문한다고 가정하면, 이들은 연 2.5회 주문하는 고객에 비해 6~8배 정도 우리 매장을 많이 이용하는 고객이다.

즉, 최고의 단골은 일반 고객 6~8배의 매출 효과가 있다는 뜻이다.

게다가 이렇게 우호적인 고객이 우리 매장을 홍보하고 우리 피자를 소개해 주는 키 맨(key man)이 된다고 보면 단순히 많이 이용해 주는 고객을 넘어 그 이상의 시너지 효과를 가져다준다.

단순히 매출은 많이 올려 주는 고객만 단골로 보면 안 된다. 같은 건물에서 있으면서 이따금 우리 피자를 이용해 주는 옆 가게 커피숍 사장님, 300m 거리에서 찾아와 포장해 가는 베트남 쌀국수 가게 사장님, 상2동을 담당하는 우체국 집배원 선생님 같이 자주 만나거나 자주 먹진 않아도 피자가 생각나면 우리 피자를 먹고 홍보해 주시는 이들을 단골로 정의했다.

일반 고객 중에서는 전산상의 누적 횟수를 보아 최근 3개월에 몇 번 정도 주문했는지 체크해 배달 시 감사의 뜻을 표현하기도 했다. 브라우니나 치즈감자볼을 주로 가져다 드리며, "자주 주문해 주셔서 서비스로 가져왔습니다."라고 안내했다.

말을 안 하면 왜 주었는지 모르기 때문에 반드시 얘기해 줘야 받는 사람도 편하게 먹을 수 있다. 혹 '주문도 안 했는데 왜 왔지?'라는 생각이 들면 받은 사람도 찜찜할 것이다.

또 하나의 단골 시장은 실내 스크린 골프장이었다. 실내 골프장은 내가 피자 가게를 오픈하기 전에 5년 정도 후회가 없을 정도로 많이 다녀서 잘 알고 있는 시장이었다.

그래서 이곳에 단골 매장 10개 이상을 만들자고 마음먹고 시장 공략을 했다. 대략 10곳 이상의 단골 매장이 만들어졌고 그중에서도 5곳 정도는 VIP급 단골 매장이 되었다.

중동스크린골프, 상동의 제일스크린골프, 웅진플레이 골프존, 하얀마을 앞 상동스크린, 메가스크린 골프장 같은 경우에는 피자를 주문할 때면 무조건 우리에게 전화했다.

전화를 하는 사람은 매장 주인인 경우도 있었지만, 프런트에서 일하는 실장님들이 대부분이었다. 오전과 오후로 나누어 근무하거나 격일제로 근무하는 경우가 많다. 그래서 스크린 골프장 프런트의 실장님들께 3번 주문하면 한 번은 반드시 선물을 했다.

이렇게 하다 보니 실내 스크린 골프장이 가장 주문이 많은 단골 시장 중의 하나가 되었다. 골프 연습장 하나가 아파트 1개 단지만큼의 매출이 나오는 때도 많았다. 특화된 시장 중에서 가장 성공한 시장이 스크린 골프장이었다.

또 하나의 단골 시장은 중고 자동차 매매 시장이었다. 국민차매매단지와 DY카랜드, 부천 중고차 매매 상사 3곳이다.

이곳에서는 2판 이상의 주문이 들어오면 그때그때 서비스를 해주는 방식으로 관리했다.

단골 고객과 단체 고객은 정말 매력이 있는 고객이고 그 시장은 따로 있었다. 부천 원미구는 단체 고객을 창출할 시장이 적어 최대한 밀착 관리를 해야 할 필요성이 있었다.

한 번 팔고 끝나는 게 장사가 아니지 않는가? 상식으로 돌아가 판단하면 쉬운 문제였다.

내가 보험에 근무할 때 항상 아쉬운 것이 보험을 선물로 줄 수 없는 것이었다. 하지만 요식업은 마음만 먹으면 서비스해 줄 수 있다는 장점이 있어서 좋았다.

⊙ 민원은 즉시 해결하고 내 편으로 만들었다

직장 생활을 하면서 배운 것이 있다면, 상대에게 져 주면서 이기는 방법이다.

지금 당장 상대와 맞붙어 싸우면 당장 속은 시원하겠지만, 하루를 자고 나서 생각하면 후회가 많다. 그러나 싸우지 않고 져 준 듯이 헤어지고 다음 날 생각하면 그때 그러길 참 잘했다는 생각이 들 때가 있다. 그것이 바로 져 주면서 이기는 법이다.

배달 직원들에게도 져 주면서 이기는 방법을 배우라고 자주 얘기하곤 했다. 배달을 하는 라이더는 운전하다 자동차 운전자와 싸우고 오는 경우가 많았다.

민원도 마찬가지이다. 내가 잘했고 못했고를 따지는 것도 중요하지만, 일단은 불편한 고객을 달래고 다시 우리 고객으로 만드는 것이 중요하다고 판단했다.

어느 날, 고객의 클레임이 들어왔다. 고르곤졸라 피자를 주문해 먹었는데 설사를 했고, 재료를 똑바로 쓰라고 적어 놓았다. 엄청나게 충격적인 일이었다. 바로 고르곤졸라 피자를 만들어 먹어 보았다. 전혀 이상이 없었다

이유를 몰라 고민 끝에 인터넷 검색을 해 보았다. 그런데 뜻밖에 명쾌한 답이 있었다. 면역력이 약한 임산부나 어린이 어른 같은 경우는 설사를 할 수 있어 적당량만 먹도록 권유한다는 내용이었다.

그 내용을 카피하여 그 집에 찾아갔다. 혹시 면역력이 약해 다른 음식을 먹고도 설사한 적이 있지 않느냐고 질문했더니 맞다고 했다. 그래서 음식을 조심해서 먹는다고 했다.

인터넷에 복사한 자료를 보여 주며 얘기했다. 면역력이 약해서 그런 것 같고, 음식 재료의 문제는 아닌 듯하다고 얘기했더니 이해한다고 했다. 그래도 불편을 드려 죄송하다고 인사하고 피자 무료 교환권을 주고 왔다.

그러고 난 후에는 고르곤졸라 피자를 주문하면 면역력이 약한 분은 조금만 드시라고 항상 안내를 해 주고 있다.

한 고객은 피자 속에 비닐 조각이 들어갔다고 전화가 왔다. 너무 미안해 급히 찾아갔다. 정말 비닐 조각이 있었다. 비닐 조각 민원은 그때가 2번째였다. 한 번도 아니고 두 번째이니 재발 방지가 필요하다고 생각했다.

바로 찾아가 피자를 다시 만들어 드리고 피자 교환권도 드리고 다시 가져왔다. 비닐 조각이 선명해 비닐을 확인해 보니 스파게티 포크에 있는 포장 비닐이었다. 아이들이 포크를 꺼내다 비닐 조각이 피자에 들어간 것이었다.

고객에게 전화를 했다 비닐은 오븐기에 들어가면 녹아내리고, 이번 비닐 조각은 우리 잘못이 아니라 집에서 포장지를 뜯는 과정에서 들어간 것이라고 설명을 해 주었다. 잘 이해했다고 했다. 다음에 주문하여 배달을 갔더니 지난번에는 미안했다고 하면서 음료수 한 병을 주는 것이었다. 다른 음료수보다 맛있게 느껴졌다.

비닐이 들어갔다는 민원은 총 2번 있었는데, 모두 고객들이 포장지를 뜯는 과정에서 들어간 것이었고, 고객도 이를 이해해 무사히 넘어갔다. 우리도 항상 조심하려고 노력했다.

2018년 설날이었다. 피자에서 가는 플라스틱 조각이 나왔다고 전화가 왔다. 역시 바로 찾아갔다. 아주 작고 가는 모양의 플라스틱이었다. 원인을 찾기 힘들었다. 다행히 아내의 도움으로 원인을 밝힐 수 있었다.

냉동으로 보관하는 재료가 많은데, 그중에 미트볼 포크도 냉동 보관 재료 중 하나였다. 미트볼 포크의 덩어리는 뭉치면 잘 깨지지 않아 우리 직원들이 락앤락 통에 넣어 흔들어 깨곤 했다. 그 과정에서 락앤락 통의 그릇이 일부 깨져 나간 것을 확인할 수 있었다. 락앤락 통을 함부로 다루지 않도록 직원들에게 교육했다. 그 후로는 이런 민원은 단 한 건도 없었다.

위생 관리는 아무리 강조해도 지나치지 않다. 우리는 매장에서 절대 손톱을 깎지 못하게 한다. 어디로 튈지 모르기 때문이다. 그리고 모자도 절대 벗지 못하게 하고 있다.

배달 대행을 통해 배달할 때는 피자가 찌그러져 먹지 못하겠다고 클레임이 들어온 것이 3번, 남의 집 앞에 놓고 온 것이 1번으로 총 4건의 배달 민원이 있었다. 이때는 즉시 다시 만들어 주거나 고객이 원치 않으면 피자 무료 교환권을 드리고 왔다.

100% 주인인 내가 방문해 해결했다. 당연히 그래야 하고, 그렇게 해서 우리 고객으로 만들자는 생각에서였다. 2년간 영업을 하며 민원은 총 9회 발생했다.

민원이 발생하지 않는 것이 최선이지만 발생한 민원을 어떻게 해결하느냐에 따라 고객을 떠나보낼 수도 있고 내 편으로 만들 수도 있다고 생각했다.

이런 고객이 진성 고객이 되면 최고의 단골이 된다고 믿었고, 실제로 모두 우리 단골이 되어 우리 매장을 자주 이용했다. 그래서 민원에 적극적으로 대처하고 해결하는 것이 다른 영업을 하는 것보다 낫다고 생각한다.

가까운 고객이든, 방문 고객이든, 민원 고객이든 구분이 필요 없고 나와 인연이 되는 사람은 모두 중요한 고객임을 명심하면 된다. 중요한 점은 그 실천은 바로 대표 본인이 중심이 되어야 한다는 것이다.

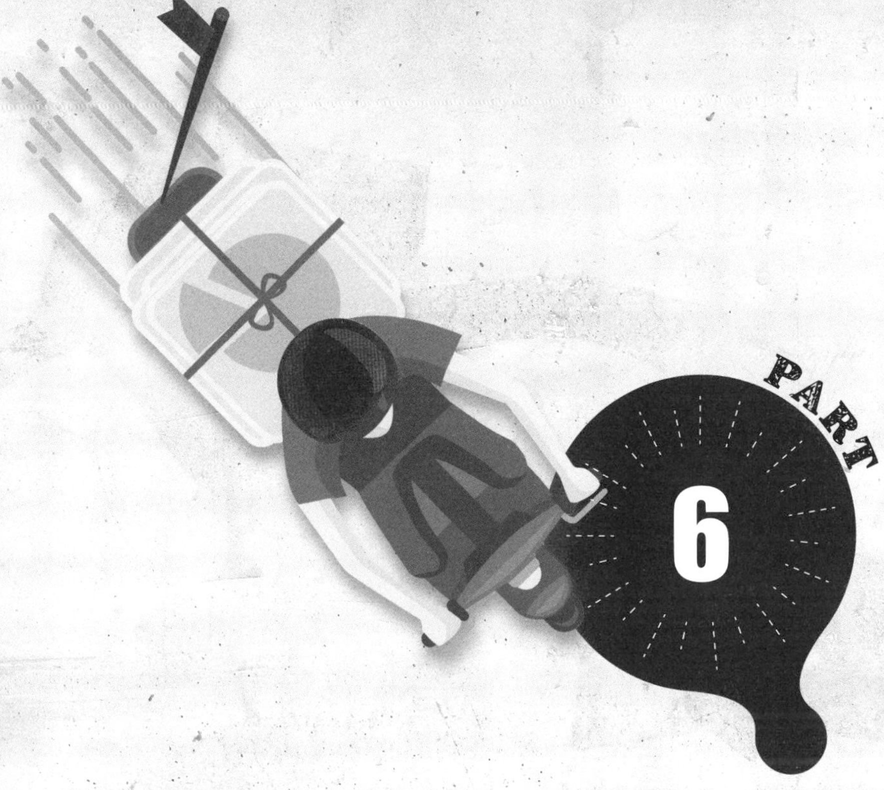

PART 6

자영업 멘토가 되어

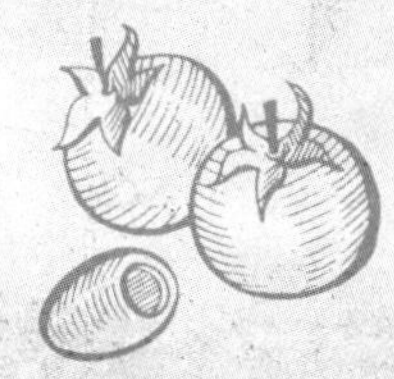

선택의 길에 서서

"아는 자는 좋아하는 자만 못하고, 좋아하는 자는 즐기는 자를 이기지 못한다."라는 말처럼 퇴직 후 내가 원하는 일을 즐기면서 하면 얼마나 좋을까 하는 생각이 든다. 그러나 우리는 어느 직업이든 찾아서 일을 해야 한다.

⊙ 나는 어느 길로 가야 하나

우리나라의 최근 대학 인력 구조를 보면 이공계에는 약 7만 명이 부족하고, 인문계는 약 7만 명이 남는다. 이는 사회 진출 전부터 문제점을 안고 있는 것이다.

거기다 일반 기업의 경우 대부분 40대 후반이나 50대 초반이면 퇴직을 하게 된다. 퇴직 후에는 퇴직자를 받아줄 만한 직장이 많지 않다. 중소기업이 활성화되지 않고, 중소기업 자체도 적다 보니 재취업할 시장이 매우 적은 것이다.

더구나 기술이 없는 금융권 종사자나 자격증이 없는 직장인의 경우, 재취업에 더욱 어려움을 겪는다. 그래도 자격증이 있거나 기술이 있는 사람은 상대적으로 나은 편이다.

그래도 마냥 놀고 쉴 수는 없으니 뭔가 하려고는 하는데, 이때는 깊은 고민 없이 뛰어들면 안 된다. 처음 자영업을 시작하려면 업종을 선택하고 지역을 선정하고 난 후에 매장을 얻고 인테리어를 해야 한다.

그러나 포화 상태의 자영업 시장에서, 수많은 프랜차이즈 브랜드 중에서 어느 업종을 어떻게 선택해야 좋을지 알 수 없다. 그래서 대충 주변 사람들의 소개를 받거나 인터넷 검색을 통해 업종을 선택한다. 그 뒤에 홈페이지를 통해 가맹점 문의 전화를 하고, 자신의 주관적 판단에 의해 결정을 한다.

우리는 아파트를 사서 이사할 때도 지역이 어떤지, 학군은 어떤지, 교통은 어떤지, 관공서나 대형 쇼핑몰 이용은 편한지 충분히 알아보고 심사숙고한다.

물론 자영업은 제대로 알아보려고 해도 쉽지 않은 게 우리나라의 현실이다. 가게 주변 부동산은 계약서를 쓰는 것에만 신경 쓰고 내가 원하는 가게인지에 대해서는 관심도 적고 전문성도 떨어진다.

일부 프랜차이즈는 가맹점을 늘리기만 하면 된다는 생각이 커 회사 입장에서만 말하는 경향이 크다.

그래서 많이 알아보고 냉철한 판단을 해 옥석을 잘 가려야 한다. 스스로 판단을 잘해야 하는데, 경험이 없는 경우는 더욱 판단하기 어렵다.

내 경험에 비추어 컨설팅하려고 한다.

◉ 1억 원의 창업 비용으로 금리를 비교하자

1억 원을 투자했다면 월에 얼마를 벌 수 있을까?

자영업에 진출하는 데 도움이 될 것 같아 창업 비용이 1억 원이라고 가정하고 3가지 항목을 비교해 말해 본다.

퇴직하고 나면 한번에 얻는 이익보다 연금이나 월세처럼 오래오래 수령하는 것이 좋다고 한다.

1억 원을 가지고 은행 적금을 들 때, 부동산에 투자해 월세 수익을 얻을 때, 그리고 프랜차이즈 창업을 할 때를 예로 들어 설명해 보겠다.

〈1억 원 투자 시 수익 비교〉

구분	은행 적금	부동산 투자	프랜차이즈 창업	
			인건비 포함	인건비 제외
금리	3%	5%	인건비 1인 월 250만 원	
연간 수령액	300만 원	500만 원	3,600만 원	600만 원
월 수령액	25만 원	41만 7천 원	300만 원	50만 원

1억 원을 은행에 예치하면 사실 요즘 같은 저금리 시대에 3% 수익을 내기는 정말 어렵다. 설령 3% 수익을 낸다고 해도 세금을 떼고 나면 연 2.6% 수준일 것이다. 그러면 매월 25만 원씩 수령하게 된

다. 생활비로는 턱없이 부족하고 용돈 정도의 금액이다.

부동산에 투자한 경우도 요즘 임대 수익이 4% 수준이라고 하는데, 그보다 높은 5%를 잡아 계산했다. 그래도 월 41만 7천 원 정도이다. 다 알겠지만, 1억 원으로는 투자할 부동산도 없을뿐더러 있다고 해도 공실이 발생하면 수익률이 줄어든다.

그러나 프랜차이즈를 운영해서 월 300만 원 정도의 이익이 나오는 정도로 매장을 관리해 놓으면 1억 원의 가치는 달라진다.

월 300만 원의 수입이 발생한다. 그러면 가정 경제는 부드럽게 돌아간다. 만약 내 인건비를 250만 원으로 가정하면 인건비를 제외한 연간 이익은 600만 원이 된다. 월로 계산하면 50만 원이 된다.

만약 월 수익이 500만 원이 되면 내 인건비를 제외하고도 월 250만 원의 차익이 발생한다. 인건비를 제외하고도 연간 3,000만 원의 수익이 생기게 되는 것이다.

은행 적금과 비교하면 연간 2,700만 원, 월로 계산하면 225만 원의 추가 수익이 발생한다. 부동산 투자 수익과 비교해도 연간 2,500만 원, 매월 208만 원의 추가 수익이 발생한다. 거기에 가족이 함께 일해 매월 250만 원이 더 나오면 수익은 2배가 된다.

프랜차이즈 창업을 하려고 면담을 하다 보면 "1억 원을 투자해 얼마나 벌고 싶어요?"라는 질문에 "월 500만 원.", "700만 원.", "1,000만 원."이라고 쉽게들 얘기한다.

그러면 나는 "1억 원을 은행에 넣어 놓으면 얼마 나오는지 아세요?"라고 질문한다. "부동산에 1억을 투자하면 얼마 나오는지 보셨어요?"라고 묻는다. 그러면 그때서야 고개를 갸우뚱한다.

나는 자영업을 하면서 1차로 월 300만 원, 2차로 월 500만 원 정도의 수익을 올리면 성공이라고 설명한다. 일터도 생기고 나중에 권리금도 받을 수 있어 1석 3조라고 설명하면 다들 정중히 수용한다.

⊙ 업종 선택은 무엇보다 중요한 첫 출발, 첫 단추이다

업종 선택은 정말 중요한 요소라 강조를 하지 않을 수 없다.

엄청나게 많은 업종이 배달 앱 속에 들어가 있다. 한식, 분식, 치킨, 피자, 중국집, 양식, 족발, 도시락, 패스트푸드 등 정말 많은 업종이 있고 한 업종 안에서도 경쟁 업체가 수십 개가 있다. 이 외에도 배달을 하지 않는 업종도 있지 않은가.

여기서 내가 결정해야 할 것이 있다. 나 혼자 할 것이냐, 아니면 부부가 할 것이냐. 더 많은 가족이 함께한다면 도와줄 사람은 몇 명인지 분명히 하고 업종을 선택해야 한다.

배달 업종의 경우 인력이 더 필요하기에 냉정하고 촘촘하게 계산하고 함께할 가족과 상의 후 선택해야 한다. 나 혼자 판단하고 가족의 협조를 얻으려 하면 많은 어려움이 발생한다.

업종 선택은 인력뿐만이 아니라 매장 면적, 투자 비용이 같이 수반되기에 신중에 신중을 기해야 한다. 그래서 전문가나 경험자와의 충분한 상담이 매우 중요하다.

업종 선택 시 고려할 사항 몇 가지가 있다.

우리나라에 요식업 중 경쟁이 치열하지 않은 블루오션은 이제 거의 없다. 물론 새로운 아이템을 외국에서 가져오는 경우가 있기는 하지만, 극히 드물다.

경쟁이 아주 치열한 레드오션만 있다고 생각하면 된다. 언론이나 인터넷에서 일반적으로 얘기하는 업종을 보면 쉽게 알 수 있다. 커피 전문점, 치킨점, 편의점이 대표적이다. 이젠 피자 전문점도 예외가 아니다.

남의 것을 빼앗아 와야 내가 살기 때문에 업종 선택은 매우 중요하다. 정보는 많다. 문제는 나의 관심이다.

일단 유튜브나 인터넷을 검색해 공부해 보아야 한다. 그중에서 관심 가는 업종이 있으면 해당 본사에 전화하거나 면담해 보고, 주변의 전문가를 찾아 충분한 조언을 얻어야 한다.

이런 입체적 분석을 반복, 또 반복하라고 말하고 싶다.

상가 매도와 세무 상식

◉ 상가 매도 의뢰는 이렇게 한다

퇴직 후 자영업에 곧바로 뛰어든 나는 최소 비용으로 매장을 인수하고 노후에 연금처럼 용돈 정도만 나오게 할 생각이었다.

그러나 2년여 만에 매장이 정상화되니 본사 사장님께서 지금까지 경험한 노하우를 다른 매장에 전수하고 신규 매장 오픈 시에 지원할 수 있도록 본사 가맹사업본부장 자리를 제안했다. 그래서 매장을 매도하고 본사에서 근무하게 되었다.

2년간 매장을 운영하면서 많은 부동산 중개인을 만났으나 생각보다 중개인들의 전문성이 떨어지고 자영업자에게 진정한 멘토가 되어 주는 곳은 거의 없었다.

여기서 느낀 몇 가지를 설명한다.

부동산 중개인에게 매도 의뢰를 하면 먼저 권리금, 보증금, 월세, 관리비, 매출, 순이익 등 아주 기본적인 것만 묻고 연락을 준다고 한다. 여기서 부동산 중개인은 다 똑같은 부동산 중개인이 아니라, 형태별로 크게 몇 가지로 나뉜다.

일반적으로 부동산 중개인은 전문성도 떨어지고 주변의 아파트나 상가 단독 주택을 상대로 단순히 중개만 하는 곳이 대부분이다. 이런 곳에 상가를 내놓으면 언제 팔릴지 알 수 없고 시간만 간다.

그러나 그중 일부에서 상가 전문 매매를 하는 곳이 있다. 지역별로 그런 곳이 있기에 찾아가서 매도 의뢰를 해야 한다.

상가를 매도하는 방법은 주변 부동산 중개인을 통하거나, 서울의 상가 전문 컨설팅을 통하거나, 프랜차이즈 본사를 통해 가맹점 문의가 들어온 사람에게 매도하거나, 지인을 통해 소개하는 것이 전부라고 생각하면 된다.

여기서 우리가 컨설팅 회사를 통해 매도하는 방법을 매우 주의해야 한다.

내가 경험한 3개 회사 모두가 똑같았다. 매장 운영을 하다 보면 한가한 시간에 매장을 매도할 의사가 있는지 전화가 온다. 나는 아무 생각 없이 장사 잘되고 있으니 그런 생각이 없다고 전화를 끊었다. 그리고 본사에 전화해 어떤 회사냐고 물었더니 주로 서울에 본사를 두고 상가를 전문으로 컨설팅하는 회사들인데 조심하는 게 좋다고 말했다.

한참 지나서 다른 곳에서 전화가 왔다. 똑같은 대답을 하고 전화를 끊었다. 대신, 전화번호를 메모해 두었다. 며칠 지나 그 번호로 전화를 했다. 떠보려고 매장을 매도한다고 했다. 전화를 받은 여자 직원은 자신을 대리라고 하면서 매장 크기, 임대료, 관리비, 매출 등 아주 기본적인 것만 묻고는 본부장님이 전화를 할 거라고 했다.

다음 날 본부장이라고 하는 사람에게 전화가 왔다. 첫 질문은 정말 매도 의사가 있냐는 것이었다. 매도 의뢰를 하겠다고 했더니 물건에 대해 또다시 대략적인 사항 몇 가지를 묻고는 선수금 280만 원을 미리 내야 하는데 내일 방문해서 추진 계약서를 쓰자고 했다. 매도를 위한 현장 조사 및 브로셔 제작 비용이라고 말했다. 일단 알았다고 대답하고 방문 약속을 잡았다.

그래서 잘 아는 부동산 하는 분 서너 명에게 전화를 했다. 부동산 컨설팅 회사에서 선수금을 달라고 하는데 주어도 되냐고 했더니 그러다 돈만 떼인다는 것이었다. 가만히 생각해 보니 정신이 번쩍 들었다.

다음 날 매장에 도착한 컨설팅 회사 직원과 명함을 교환하고 매장을 대충 둘러보았다. 전산 화면을 보자고 하더니 대충 보기만 하는 모습이었다. 아마 매장이나 전산을 자세히 보고 면담을 진지하게 했다면 속아 넘어갔을 거라는 생각이 들었다.

이 사람들은 우리 입장에서 컨설팅을 해 주기보다는 선수금을 받는 게 목적이었다. 선수금을 주었다면 매장을 운영해야 하는 내 입장에서는 그들이 전화를 받지 않으니 선수금은 고스란히 떼이고 마는 것이다.

모두 이 점을 유념하고 상가 매도에 마음이 조급해도 컨설팅 회사를 이용할 때는 각별히 주의를 기울이기 바란다.

이뿐만이 아니다. 권리금도 중간에 임의로 조정하고 차액을 챙기는 경우도 많다고 하니 조심해야 한다.

그래서 상가 매도는 프랜차이즈 본사의 창업 문의나 주변 부동산,

상가 전문 부동산, 주변 지인의 소개를 통해야 안전하다. 대형 컨설팅 회사에 선수금을 주고 매매를 추진하는 것은 절대 금물이다.

⊙ 상가 권리금에 대한 기본 상식을 갖자

상가 권리금은 바닥 권리금, 시설 권리금, 영업 권리금 세 가지로 나뉘고, 세 가지 합계로 권리금 총액이 산출된다.

그러나 요즘은 권리금을 받기 쉽지 않다. 최근엔 경기 침체로 자영업 기피 현상이 늘었고 공실률도 높다. 그러니 계산된 권리금을 전부 주고 들어오려는 사람도 적고 그 금액을 받고 팔기는 힘들다.

자리가 좋은 곳은 바닥 권리금이 높은 것이 상식이다.

바닥 권리금은 매장을 매수할 당시 매도인과 매수인의 합의에 의해 결정되기에 정확히 가격이 얼마라고 하기에는 어려움이 있다. 점포 자리에 형성된 권리금이라고 볼 수 있다.

반면 시설 권리금은 중요한 부분이다.

시설 권리금은 보통 인테리어 비용과 초기 시설 투자 비용의 합계액을 말하며, 피자집의 경우 적게는 3,000만 원부터 많게는 1억 원 정도까지 들어간다고 생각하면 된다.

그러나 시설 권리금은 감가상각이 되기 때문에 매년 권리금이 줄어들고, 보통 1년에 30%씩 줄어 3년이면 금액이 '제로'가 되는 것이 일반적인 계산법이다. 감가상각 후 잔존 가액의 계산 방식은 인테리어, 시설비 등 초기 투자 비용의 '금액×(36개월-경과 월)/36개월'이다.

마지막으로 영업 권리금은 매출과 연간 이익에 의해 결정된다.

예를 들어, 연간 순이익이 1억 원이면 영업 권리금은 대략 1억 원이 된다.

이렇게 권리금 3가지를 합치면 아마 1억 원 이하는 거의 없을 것이다. 이것이 인터넷이나 책에 나와 있는 이론적인 권리금 산출 방식이다.

그러나 요즘 시장 상황을 보면 불경기에 최저 임금은 인상되고, 상가 공실률이 높아져 핵심 상권도 무너졌다. 이런 상황에서 권리금을 제대로 받기는 쉽지 않다.

다시 한번 정리해 말하면, 점포를 내놓고 아파트처럼 단순히 대략 3개월이면 팔릴 것이라고 생각하면 큰 착오이며 내 브랜드를 지키며 팔기는 더욱 쉽지 않다. 짧게는 1년에서 길게는 2년까지도 걸릴 수 있음을 알고 매도 전략을 짜야 한다.

그리고 권리금은 바닥 권리금, 시설 권리금, 영업 권리금의 3가지가 있다. 이론적으로는 나눠서 설명하지만, 보통 3가지 권리금을 합쳐서 거래 금액과 보증금을 제시한다. 그러나 요즘은 자영업이 침체된 시기여서 무권리금으로 들어오려는 사람들이 많아 권리금 형성이 예전과 같이 정확히 나눠서 이루어지지 않는 분위기이다.

나의 경험을 토대로 자영업을 시작하는 사람들에게 멘토 역할을 하기 위해 권리금을 합리적으로 산출하는 시스템을 개발하는 중이다. 더불어 믿고 사는 세상, 퇴직자가 안심하고 자문을 구할 수 있는 창구도 구상하고 있다.

⊙ 양도 양수와 세무, 이것만은 알아 두자

상가 양도 양수와 세무 관련 사항은 전문가가 있기에 기본적인 내용에 대해서만 간단하게 요약하려고 한다.

상가를 양도 양수할 때는 아파트나 주택과 달리 알아야 할 사항이 있다. 아파트나 주택은 매매 계약서를 쓰고 계약금, 중도금, 잔금 납입 날짜를 잡고 날짜에 맞춰 이사를 하면 된다. 그러나 가맹점 오픈은 상가 주인과 임대차 계약서를 작성하고 양수인은 본사와 가맹 계약서를 별도로 작성한다.

임대차 계약서에는 임대인과 시설물 복구 관계, 중도 해지 관계 등 반드시 명문화해야 할 사항을 명시하면 된다.

2018년 갱신된 「상가건물 임대차보호법」이 계약 갱신 요구권 행사 기간을 10년으로 연장해 임차인 보호가 강화되었다. 환산 보증금이나 월세 인상률도 기존 계약금의 5%를 초과해 증액할 수 없다. 그리고 권리금 회수 기회의 보호 기간이 임대차 종료 3개월 전에서 6개월 전으로 확대되었다.

가맹점 본사와는 가맹 계약서를 작성한다. 여기에는 가맹점 전반에 걸친 사항으로 가맹 운영권, 영업 지역, 계약 발효에 관한 사항, 점포 설비, 집기, 비품, 가맹비, 로열티, 계약 이행 보증금, 가맹 예치금, 가맹금 반환, 가맹점 운영에 관한 사항, 계약의 해지 및 종료에 관한 사항 등 주요한 사항들이 명시되어 있다.

내용도 20쪽 내지 30쪽 정도지만, 반드시 읽고 궁금한 사항이나 협의해야 할 사항 등을 명확히 해야 향후 매장 운영 시 오해가 발생하지 않는다.

⊙ 자영업 상식과 세무 상식을 알아 두자

나처럼 직장 생활만 해 온 사람은 근로 소득과 관련된 연말 소득 정산 자료만 눈에 들어온다. 아는 것이 많아 보이지만 사실은 우물 안 개구리이다.

나도 내가 우물 안 개구리라는 사실을 퇴직하고 알게 되었다. 자영업을 시작하면서 2017년 말의 4개월은 어영부영 보냈다. 2018년이 되면서 세금에 대한 대책을 세워야겠다는 생각이 들었다.

세금은 간단하다. 부가 가치세와 종합 소득세만 챙기면 되는 단순한 구조이다.

부가 가치세는 매출세액에서 매입세액을 제외한 금액의 10%를 납입한다. 매년 1기 확정 과세 기간은 1월 1일부터 6월 31일까지이고, 신고 기간은 7월 1일부터 7월 25일까지이다. 2기 확정 과세 기간은 7월 1일부터 12월 30일까지이고, 신고 기간은 다음해 1월 1일부터 1월 25일까지이다.

대한민국 자영업자라면 누구나 알고 있는 상식이다. 여기서 중요한 것은 부가 가치세를 예측하고 매월 챙겨 놓아야 한다는 것이다.

나는 매월 부가 가치세 예상 금액을 산출해 관리했다. 여기서 참고할 것은 간이 세금 계산서는 증빙 자료가 안 되기에 세금 계산서를 최대한 많이 받는 것이 좋다는 것이다. 거래처에 세금 계산서를 요청하면 부가세 10% 더 내야 한다고 얘기하는 곳이 많다. 그래도 한번에 목돈을 내는 것보다는 나으니 최대한 세금 계산서를 발행받는 것이 좋다.

물론 세무사가 알아서 챙겨주지만, 세금을 내는 것은 나 자신이다. 그래서 미리미리 챙기는 것이 좋다고 생각한다.

종합 소득세는 6가지 소득(이자 소득, 배당 소득, 사업 소득, 연금 소득, 근로 소득, 기타 소득)을 합친 것에 세율을 곱해 산출하는 세금을 말한다.

세율은 최저 6%부터 최고 42%까지 있으며 소득 공제 금액을 잘 파악해 대응해야 한다. 그래서 우리는 이것을 일명 '세테크'라고 말한다.

이러한 과세 표준은 매출이 발생하는 금액에서 인건비, 임차료, 재료비, 소모품비, 건강 보험료 등 필요 경비를 차감한 후 인적 공제, 국민연금 납부액, 소상공인 공제 부금 등의 공제 금액을 차감한 금액을 말한다.

■ 과세 표준=총 수입액-필요 경비-각종 소득 공제
■ 산출 세액=과세 표준×세율-누진 공제액

이와 같은 종합 소득세는 매년 5월에 납입한다. 그러나 세무사가 친절히 챙겨 주기 때문에 개념 정도만 이해하고 있어도 된다.

앞서 말한 바와 같이 직장 생활을 오래 한 사람들은 근로 소득세 절감에만 익숙해 이와 같은 세금이 낯설다. 그렇기에 기본적인 개념을 정리했다.

이외에도 직원들 급여를 직접 챙겨야 하므로 직원들과 관련된 근무 형태별 임금 규정과 세금을 잘 알고 있어야 한다.

먼저 직원 고용 시에는 즉시 근로 계약서를 작성해야 한다. 근로 계약서는 본사에서 기본 양식을 보내주지만, 그 양식에 기초해 가맹점주가 필요한 조항을 첨가해 작성하면 된다.

만약 근로 계약서를 작성하지 않고 근무한 경우 고용노동부에 신고하면 근로 감독관 중계로 상호 합의를 하거나 합의가 안 되면 법률적으로 고발 조치가 이루어질 수 있음을 명심해야 한다.

이렇게 되면 금전적 손해와 정신적 피해가 발생하기에 반드시 근로 계약서를 작성하게 한 후 근무시켜야 한다.

참고삼아 근로자 형태를 몇 가지 소개한다.

■ 일반 근로자: 정해진 사업장에서 근무하고 「근로기준법」에 의해 4대 보험 혜택을 받는 자로, 「근로소득기준법」에 의해 소득 규모에 따라 세금을 납부한다.

■ 특수형태 근로자: 근로자와 유사하게 노무를 제공함에도 「근로기준법」에 적용되지 않는 자를 말한다. 보험 설계사, 학습지 교사, 골프장 캐디, 택배원, 대출 모집인, 신용 카드 모집인 등을 말하며, 이들은 산재 보험만 적용된다.

■ 프리랜서 소득자(사업 소득자): 어딘가에 소속되지 않고 일하는 근로/근무 형태의 근로자로, 3.3%의 세금을 공제한다.

2020년 최저 임금은 시간당 8,590원으로 주휴 수당까지 감안하면 시간당 1만 1천 원이 넘는다. 직원을 근로기준법에 의해 고용하면 월급, 퇴직금, 4대 보험까지 가입해야 하므로 부담이 커 프리랜서로 세금을 계산하고 월급을 지급하는 경우가 있다.

그런데 그 직원이 고용노동부에 이의를 제기하면 퇴직금을 주어야 한다. 실업 급여를 받게 해 달라고 요청하면 머리 아픈 경우가 발생한다.

요즘 자영업은 가족이나 믿을 만한 친척 그리고 지인이 아니면 어떤 문제로 걸고넘어질지 몰라서 어려운 것이 현실이다. 이런 점을 감안해 직원을 채용하고, 면담 후에는 반드시 근로 계약서를 작성하는 것이 중요하다.

나는 처음부터 원칙대로 배우고 정석대로 행하자고 마음먹고 실행에 옮겼기에 큰 어려움 없이 마무리했다.

570만 자영업자가 신바람 나는 대한민국이 되기를 기원한다.

마음이 그리울 때

그리울 때 힘이 되어 준 친구들

그리스 철학자 아리스토텔레스는 "친구는 또 한 사람의 자기 자신이다."라고 말했다. 우리 말에 "빨리 가려거든 혼자 가고, 멀리 가려거든 친구와 함께 가라."라는 말도 있지 않은가.

지금까지 살아오면서 많은 사람들과 만났다가 헤어졌고, 대부분 기억 속에서 사라졌다.

어머니, 아버지는 말이 필요 없이 늘 마음속에 있는 고목나무와 같은 존재이다. 거기에 늘 터놓고 얘기할 수 있는 친구 3명만 있다면 외롭지 않다고 한다.

나에게 친구는 항상 마음속에도 있었지만, 특히 퇴직 후 상동점을 운영하며 마음이 그리울 때마다 잊지 않고 찾아 주고 위로해 줘 큰 위안이 되었다.

그래서 이 글을 읽는 이들도 한 번쯤 잊지 못할 친구를 머릿속에 그려 보았으면 한다.

나의 친구들을 태어나 만났던 순서대로 소개하려고 한다.

코 흘리며 같이 놀던 친구인 김지용 사장, 77년에 만나 44년을 함께해 온 홍성고등학교 친구들, ROTC 후보생으로 만난 김호영과 이문수 훈육관님, 대학 때 만나 결혼한 아내와 두 아들이 내 인생 최고의 친구들이다.

♡ 소꿉친구 퓨처테크 김지용 사장

태어나 걸음마를 뗄 때부터 중학교 졸업 때까지 15년을 같이 앞바퀴와 뒷바퀴처럼 지낸 친구이다.

우리는 정말 눈만 뜨면 붙어 다니며 놀았던 것 같다. 어려서는 몰랐지만, 지금 생각하면 성격과 스타일에 공통점이 많았던 것 같다.

초등학교 전까지는 그냥 일어나면 50m 거리에 집이 있어서 서로가 달려가고 달려왔던 기억밖에 없다. 저녁 늦게까지 놀면 우리 집에서 밥을 먹고 가기도 하고, 내가 지용이 집에서 밥을 먹고 오기도 했다.

그러면 집에 와서 왜 남의 집에서 눈치 없이 밥을 먹고 오느냐고 혼나곤 했다. 친구도 집에 가서 혼나기는 마찬가지였을 것이다.

그렇게 우리는 초등학교에 들어갔고 초등학교까지는 약 2.5㎞ 정도 되는 거리여서 친한 친구와 삼삼오오 모여서 등하교를 했다. 나와 김지용은 항상 밥을 먼저 먹은 사람이 그 집 대문 앞에서 기다려서 같이 학교에 갔다.

어느 날 하굣길에 산밤을 따서 먹다 들켜 주인에게 우리 모두가 잡혔다. 손바닥에 가시가 많은 밤송이를 들고 학교까지 1㎞ 정도를 걸어가 담임 선생님에게 혼나기도 했다.

우리 동네에는 초등학교 3학년 때 처음 전기가 들어왔다. 그러니 당연히 TV도 없었다. 그래서 축구나 복싱 같은 주요 운동 경기가 있는 날에는 밤에 동네 한가운데에 모여 2.5㎞나 되는 학교까지 2열 종대로 뛰어서 갔다.

마치 군대에서 아침에 구보하는 것과 똑같은 모습이었다. 우리는 초등학교 2~3학년일 때라 선배들을 따라가려면 죽기 살기도 뛰어야 했다. 지금 생각하면 밤길이 무서워 힘든 줄도 모르고 달렸던 것 같다.

그리고 교무실에 도착하면 다른 동네 친구들도 다 와 있곤 했다. 학교에 하루에 2번 갔다 온 것이다. 이렇게 생활했으니 체력 단련은 기본으로 되었던 것 같다.

그리고 중학교에 다닐 때는 집에서 광천 읍내까지 거리가 4㎞였다. 아마 이때 버스 요금이 30~40원 정도였던 것 같다. 이 돈을 아끼려고 김지용과 나는 광천 읍내까지 걸어 다녔다.

광천까지 가는 중간에 석면 광산이 있는 독고개를 넘어서 가야 했다. 눈 내린 겨울에 독고개를 넘어서 학교에 가면 아무도 그 길로 가지 않아 눈 위에 발자국이 없었다.

둘이 솔가지를 꺾어 운동화를 털면서 가던 추억이 지금도 생생하다.

이렇게 우리는 중학교를 마치고 나는 홍성고등학교에, 김지용은 안양공고에 입학하면서 20여 년의 공백이 생겼다. 나는 대학에 가서 ROTC를 지원해 4학년을 마치고 특전사를 제대해 교보생명에 입사했다.

김지용은 안양공고를 나와 한양대를 졸업했다. 한양대에 다니기 위해 1년은 아르바이트를 하고, 1년은 학교에 다녔다. 그러다 군대를 다녀왔다고 한다. 이따금 시골에 가면 감당하기 힘든 과정을 이겨내고 어렵게 학교를 마쳤다는 얘기를 형님이 들려 주었다.

고등학교, 대학교, 군 생활, 직장 생활 10여 년을 더하면 대략 20

년 넘게 서로 만나지 못하고 살았다. 그러다 2000년 초 즈음에 연락이 닿았다. 추억만 남아 있을 뿐 서로 살아가기 바쁜 시기라 찾아볼 겨를도 없이 살았던 것 같다.

강남 삼성동에 사무실이 있었다. 서로 무조건 만나자는 전화였다. 무슨 말이 필요하겠나? 술 한잔 기울이며 많은 얘기를 나눴다.

지금은 미세 먼지 필터를 생산하는 '코네스텍'과 섬유원사 '퓨처테크'라는 중견 기업의 대표 이사다. 친구의 성공의 나의 행복이 아니겠는가. 정말 좋았고 기뻤다. 나도 생명 보험 회사의 영업기획팀장과 서울 사업단장으로 근무하고 있어 자주 만날 수 있었다.

지금은 이따금 골프도 치고, 술도 마시고, 애경사에서 만나며 지낸다. 내가 퇴직 후에는 상동점 매장까지 바쁜 와중에도 찾아와 격정도 해 주고 위로도 해 주었다. 영원히 간직할 친구가 있으니 나도 항상 마음이 든든하다.

이렇게 태어나서부터 50대 후반까지 만날 수 있는 친구가 또 어디 있으랴? 마음 터놓고 얘기할 수 있는 것도 우리 둘 다 건강하기에 가능하지 않나 싶다. 어린 시절, 영화 장면 같은 시기를 함께 보낸 친구가 옆에 있어 든든하다.

♡ 44년 된 뚝배기 같은 친구들

1977년은 내가 고등학교를 입학한 해이다. 벌써 44년이 되었다. 나는 숫자 중에서도 남들이 얘기하는 행운의 숫자 '7'보다 '4'를 더 좋아한다. 4(사)는 '일 사(事)' 자도 있고, '선비 사(士)' 자도 있으며, '죽을 사(死)' 자도 있다.

나는 '4'를 '죽기(死)를 각오하고 일(事)해서 선비(士)처럼 살자'라는 의미로 해석한다. 그래서 축구 유니폼 등 번호도 4번만 달았다. 멋진 의미가 아닌가 생각한다.

77년에 만난 홍성고등학교 친구들은 뚝배기 같은 친구들이다. 추억도 있지만, 힘들 때면 상동점에 어김없이 찾아와 위로해 준 천사 같은 친구들이다.

옛날 추억을 몇 가지 끄집어내 본다.

첫 번째 추억은 몇몇 친구들과 과외를 같이 한 것이다.

과외를 하면서 생긴 많은 사연 중에 하나를 소개하면, 과외 공부방은 방앗간을 지나서 있었다.

어느 겨울 설 명절 전이었다. 떡집에서 김이 모락모락 나는 것을 보고 한 친구가 제안을 했다. 쌀 1되씩을 가져와 흰 떡을 해 먹자는 것이었다. 흰 가래떡을 과외방 한가운데 놓고 70㎝ 정도 되는 것을 누가 많이 먹나 내기를 하자고 했다. 모두 혈기가 왕성한 때인지라 좋다고 박수를 쳤다.

그냥 먹기에는 밍밍해 설탕을 한 봉지 풀어 놓고 내기를 했다. 빨리 먹다 포기하는 친구, 꾸준히 오래 먹는 친구, 지치지 않고 처음부터 끝까지 앞서가는 친구가 있었다. 개성이 그대로 묻어나는 순간이었다.

가래떡 3개에서 4개 정도 먹고 대부분 나가떨어졌다. 나도 3개를 먹고 4개째 먹다 포기했다. 그러나 한 친구는 7개 정도를 먹어 누구도 따라갈 수 없었다. 그다음 날 학교에 가 보니 배 터져 죽은 사람은 한 명도 없었다. 우리는 배부르면 "와, 배 터져 죽겠네."라고 하지만, 배는 3말이 들어간다고 한다. 그래서 배 터져 죽은 사람은 없는 것이다.

두 번째 추억은 방학 때 대천항에서 배를 타고 원산도라는 섬의 해수욕장에 간 것이다.

방학 때 놀던 추억이 지금도 기억이 남고 사진첩에도 그 사진이 남아 있다. 기타를 치고 백사장에서 공을 차고 놀던 그 시절을 생각하면 젊음이 묻어난다. 원산도 해수욕장에 갔을 때 한 친구가 수영복을 잊어버려 짧은 잠옷을 입고 백사장에서 축구를 하던 기억이 아직도 생생하다.

세 번째 추억은 친구 최돈묵의 면회를 간 것이다.

나는 대학 3학년, ROTC 1년 차로 머리를 스포츠로 짧게 하고 있었다. 면회를 하고 돌아오는 길에 검문소에서 나만 9번이나 검문을 당했다. 머리도 짧고 얼굴도 각져서 마치 북한에서 온 사람 같았던 모양이다.

연속해서 검문에 3번 정도 걸리자, 같이 간 친구들이 내기를 했다. '신재규가 다음 검문소에서 검문에 걸린다.'를 가지고 돈 내기를 한 기억이 지금까지 난다.

네 번째 추억은 친구 가진순과의 추억이다.

가진순과 나는 결혼 후 둘 다 서울에 살며 자주 연락을 하고 지냈다. 그런데 어느 날 전화가 왔다. 이사를 해야 하는데 문제가 생겨 한 달간 우리 집에 같이 있자는 것이었다.

나는 송파구 석촌동 13평 빌라에 살고 있을 때였다. 두 집 부부가 아들이 하나씩 있었으니 한 달간 6명이 같이 생활한 것이다. 정말 잊지 못할 영화 같은 추억의 하나이다. 지금 생각하면 허락해 준 아내에게 고맙다. 그 좁은 집에서 두 가정이 어떻게 살았나 신기한 기분도 든다. 이런 인연이 이어져 30년이 넘게 지금도 한 달에 1~2번씩은 부부끼리 만난다.

이렇게 6반 친구들을 소개한 것은 내가 부천 상동에서 피자 가게를 열고 운영을 할 때도 나에게 가슴 뭉클한 사연을 만들어 주었기 때문이다.

가진순은 'GC상사'와 '가원건설'이라는 2개의 법인을 운영하고 있다. 이렇게 바쁜 와중에 이따금씩 들러 피자를 7판, 10판씩 분기마다 한 번씩 단체 주문을 했다. 말 그대로 고맙기도 하고 미안하기도 했다. 말로 표현할 수 없는 감정이 밀려왔다. 가진순 사장의 아내인 희성 엄마는 친구들과 들려 여러 번 먹고 가기도 했다.

친구 박주식과 강춘식은 일산에 살면서 여러 번 들러서 주변 지인들에게 우리 피자를 선물해 주고, 시골에 다녀올 때도 들러서 피자를 가져갔다. 그것도 꼭 2~3판을 가져갔다. 이건 우정 어린 마음이 아니면 어려운 일이다.

이외에도 최돈묵, 서태종, 한만홍, 손영님, 박성찬, 이창복, 김도환도 찾아와 격려해 줘 큰 위로가 되었다.

자영업을 하면서 애경사에 참석을 못 하고 친구들 보기도 어렵다. 그런데 이럴 때마다 잊지 않고 챙겨 주는 것만으로도 친구들이 얼마나 고마운지 모른다.

퇴직 후 자영업을 하며 정말 인생에는 친구가 필요하다는 것을 절감했다. 내가 받은 정을 잊지 않고 다른 사람들이 자영업을 할 때 베풀 것이다. 인생은 어차피 품앗이가 아닌가.

♡ 우암산 동기 김호영과 이문수 훈육관님

내게 가장 큰 행운 중 하나가 ROTC를 한 것이다.

나는 대학 입학을 1980년에 했으니 80학번이다. 80년은 광주 민주화 운동이 일어난 해이기도 하다.

1학년 입학 후 1개월을 다니고 4월에 계엄령이 선포되어 휴교령이 내려졌다. 10월 말까지 학교는 휴강을 했다. 1년간 등록금만 내고 학교는 가지 않았고, 10월 말에 개강하여 모든 것을 레포트로 대체하고 1학년을 마쳤다.

그리고 2학년이 되었다. 캠퍼스에 단복을 입고 사각모를 쓴 학생들이 다니는 모습을 처음 보았다. 나는 낯설기도 했고 그들이 뭐 하는 사람인지도 몰랐다.

2학년 어느 날, 우리 수학과 동기들이 단체로 어딘가에 다녀오는 것이었다. 어디에 다녀오느냐고 물었더니 ROTC 선발이 있어서 원서를 내고 온다는 것이었다. 그게 뭐냐고 물었다. 군대에 가는데 장교로 가서 편하고 월급도 많다고 했다.

나는 그때 처음 들은 정보였다. 우리 동네에서 20년 넘게 대학에 간 사람이 없었으니 정보가 없었고 나 또한 세상 돌아가는 일에 어두운 성격이었다.

그래서 나도 혼자 학군단에 찾아가 원서를 내고 왔다. 우리 수학과 남학생 중 운 좋게 나만 합격해 혼자 외롭게 ROTC에 다녔다.

ROTC 1년 차(대학 3학년)에는 2년 차 선배들이 군기를 심하게 잡았다. 한번은 2년 차 선배들이 저녁에 5명을 학교 뒤 우암산으로 불러내 군기를 잡았다. 2년 차 선배도 5명이었다. 선배 5명이 돌아가며 1인당 5대씩 때렸다.

1년 차 5명 중에서 명예 위원은 나 하나였고, 맷집도 제일 강하게 생겼다는 이유로 모든 군기가 나에게 집중되었다. 5명에게 총 25대를 정말 세게 맞았다.

다 맞고 나서 일어서려니 다리가 떨려서 일어날 수가 없었다. 동기들에게 의지해서 술집에 갔고 술을 먹고 집에 와 팬티를 벗으려니 엉덩이가 터져 눌어붙어 벗을 수가 없었다. 할 수 없이 피 묻은 팬티를 입고 꼬박 1주일을 지냈다. 도저히 엉덩이가 쓰라려 떼어낼 수 없었다.

그 1주일간은 정말 힘들었다. 팬티가 엉덩이에 붙은 것보다 더 힘든 것은 누워서 잘 수 없는 것이었다. 엎드려 자다 팔이 저리면 일어나 의자를 거꾸로 놓고 거기에 엉덩이를 걸치고 책상에서 쪽잠을 잤다. 1주일 후 창피함을 무릅쓰고 목욕탕에 가서 주인에게 사정 얘기를 했다. 그러고 나서야 피 묻은 팬티를 떼어낼 수 있었다. 일주일 만에 찾은 엄청난 행복이었다.

지금까지 살면서 당한 가장 심한 얼차려였다. 정말 잊지 못할 기억이다. 이 얘기를 듣고 포장마차에서 소주 1병에 닭발을 사 준 친구가 바로 김호영이다.

김호영은 학군단 명예 위원장이었고 몸매나 사고방식이 호탕한 장군 스타일이다. 그래서 나는 지금도 이따금 전화 통화를 하면 "호영 장군, 잘 지내나?"라고 말한다.

친구 김호영은 지금은 제천에 살고 있지만, 내가 퇴직한 후 자영업을 시작할 때 이따금 전화해 자영업 선배로서 위로를 해 줬다. 그게 나에게 엄청난 힘이 되었다.

그리고 우리 훈육관님은 ROTC 18기로, 나에게는 4년 선배이자 스승이다. 내가 1년 차일 때 훈육관님이었는데, 우리에게 쏟은 정이 많아 18기 모임보다 우리 22기 모임을 더 좋아한다. 지금도 변함없이 만나고 있다.

2019년 봄에 우리 가게에 훈육관님이 찾아왔다. 마라톤 복장이었다. 일산에서 부천, 우리 가게까지 달려서 온 것이었다. 30㎞ 가까운 거리를 달려서 올 생각을 했다는 것이 정말 대단했다.

사 들고 온 맥주 4캔을 마시고 나서 시외버스를 타고 가시는 훈육관님의 뒷모습은 너무나 아름다웠다. 내가 상동점을 운영하며 본 장면 중에서 가장 기억이 남는 한 컷이었다.

훈육관님은 예전엔 축구를 엄청나게 좋아하셨고 2002년부터는 마라톤에 입문해 지금까지 마라톤 풀코스와 100㎞ 울트라 마라톤을 50회 이상 달린 마라톤 마니아이시다.

일산에서 부천까지 마라톤으로 달려온 훈육관님의 방문은 내가 대한민국 땅에서 살며 겪었던 살맛 나는 최고의 순간이었다. 먼 훗날에도 두고두고 잊지 못할 것이다. 고맙습니다, 감사합니다, 사랑합니다.

♡ 평생 친구인 아내와 두 아들

내 인생 최고의 친구는 아내 권미애와 두 아들 신종찬, 신종윤이다.

나와 아내는 소위 얘기하는 캠퍼스 커플이다. 나는 ROTC를 했기에 입학해서 4학년까지 다녔다. 내가 4학년에 다니던 4월 5일 식목일 날에 처음 데이트 신청을 했고, 오전에 만나 오후에 저녁을 먹으며 결혼을 전제로 만나자고 돌직구를 날렸다.

지금 생각해 보면 정말 무식하고 당황스러운 돌직구를 날렸던 것 같다. 그것은 내가 연애를 해 본 경험이 없었기에 가능했던 순수하면서도 세련되지 못한 프러포즈였다. 어찌 되었든 결혼은 성공할 수 있었다.

대학 때 내가 알던 사람은 아내도 대부분 다 알고 있어서 만나기 편했다. 아내는 수학과 선후배나 ROTC 동기들 얘기를 하면 모두 알고 있어 내 입장에서는 무척 편하다. 남의 집 귀한 딸을 데려와 내가 편하게 해 줘야 하는데, 잘해 주지 못해 미안하다.

아내에게는 크게 2가지 미안함이 있다.

처음 결혼해 교사가 될 수 있는 임용 고시에 합격했지만, 내가 취직을 만류했다. 공무원 시험공부를 하는데 그것도 못 하게 했다. 지금 생각하면 미안하기 그지없는 어리석은 판단이었다. 이제 와서 미안하다고 될 일은 아니지만, 이렇게라도 고백하고자 한다.

또 하나는 1998년에 잠실 5단지 아파트를 2억 1,000만 원에 샀다가 너무 일찍 판 것이다. 아파트값이 서너 배 오르니 빚 없이 편하게 살고 싶은 생각에 너무 일찍 팔았다.

그래도 올해로 결혼 33년 차, 두 아들을 낳고 건강하고 행복하게 살아온 건 하늘이 준 축복이다.

나는 아내의 반듯하고 군더더기 없는 성격이 너무 좋다. 남에게 싫은 소리를 하지도, 듣지도 않는 성격이다. 그리고 받는 것보다 주는 것을 좋아해 봉사 활동을 참 많이 한다. 성당에 나가서 봉사 활동을 하고, 수녀원에서 여는 장애인 봉사 활동을 하고, 제속회에도 나가 봉사 활동을 한다.

나도 아내의 권유로 서울 시청 앞에 나가 노숙인 밥차 봉사를 하거나 남구로역에서 새벽에 건설 현장에 나가는 이들에게 빨간밥차 봉사를 수년간 해 왔다. 그래서 아내는 나를 봉사를 통해 행복을 느낄 수 있는 길로 안내해 준 최고의 친구가 아닌가 싶다.

나는 두 아들을 고등학교 2학년 때까지는 매우 엄하게 대했던 것 같다. 그러나 나도 모르게 고3 때부터는 성인으로 대했던 것 같다. 물론 본인들은 어떻게 느낄지 모르겠지만….

종찬이와 종윤이가 고등학교 다닐 때, 휴대 전화 바람이 불었다. 그러나 나는 대학에 가서야 휴대 전화를 입학 선물로 사 줬다.

대학에 가고 나서는 이따금 맥주도 한 잔씩 하며 이런저런 얘기를 하는 문화가 우리 사이에 자연스럽게 형성되었다. 편지나 카톡을 보낼 때도 항상 문장 끝에는 "친구 같은 아빠가."라는 말을 썼다.

나는 아내와 아들을 인생의 동반자이자 친구로 생각했지, 소유물처럼 생각한 적은 한 번도 없다.

상동점을 가족 도움 없이 운영한다고 했지만 내가 힘들 때마다 나타나 옆에서 거들어 주었다. 말없이 고마워 했지만 그때그때 표현을 못한 것 같다.

2019년에는 두 아들의 나이가 31살, 29살이 되어 결혼은 안 했지만 둘 다 분가해서 따로 살고 있다. 서울 한 지붕 아래에서 세 집이 살고 있는 것이다. 새도 날 수 있으면 둥지를 떠나는 것이 순리라고 생각했다.

아들들은 주말이나 차가 필요할 때는 수시로 집에 온다. 집에 올 때면 "아빠, 맥주 한 병 사 올게, 빨리 와."라고 메시지도 남기고, 엄마와 영화를 보러 가라고 티겟을 예매해 오기도 한다.

2021년 나의 회갑에는 아내는 기념으로 면사포를 쓰고 다 같이 가족사진도 찍으며 앞으로 백년해로를 다짐하려고 한다.

코흘리개 때 만나 성공한 김지용 사장부터 철들 무렵 77년도에 만난 고등학교 친구들, 성인이 되어 만난 ROTC 동기 김호영과 훈육관님, 결혼해서 33년을 함께한 영원한 친구 아내와 두 아들까지. 이들이 있어 험한 세상을 살면서 외롭지 않았고, 상동점을 운영하면서도 큰 힘이 됐다.

말(言)이란?

네가 말을 더듬어도 좋다, 네 말 속에 정보가 있다면.
네가 말을 더듬어도 좋다, 네 말 속에 진실이 있다면.
네가 말을 더듬어도 좋다, 네 말 속에 인간미가 있다면.
네가 말을 더듬어도 좋다, 네 말 속에 힘이 있다면.
네가 말을 더듬어도 좋다, 네 말 속에 지혜가 있다면.

그러면, 너는 정말로 말을 잘하는 사람이다.